京菓子司「亀屋良長」

あんこのお菓子帖

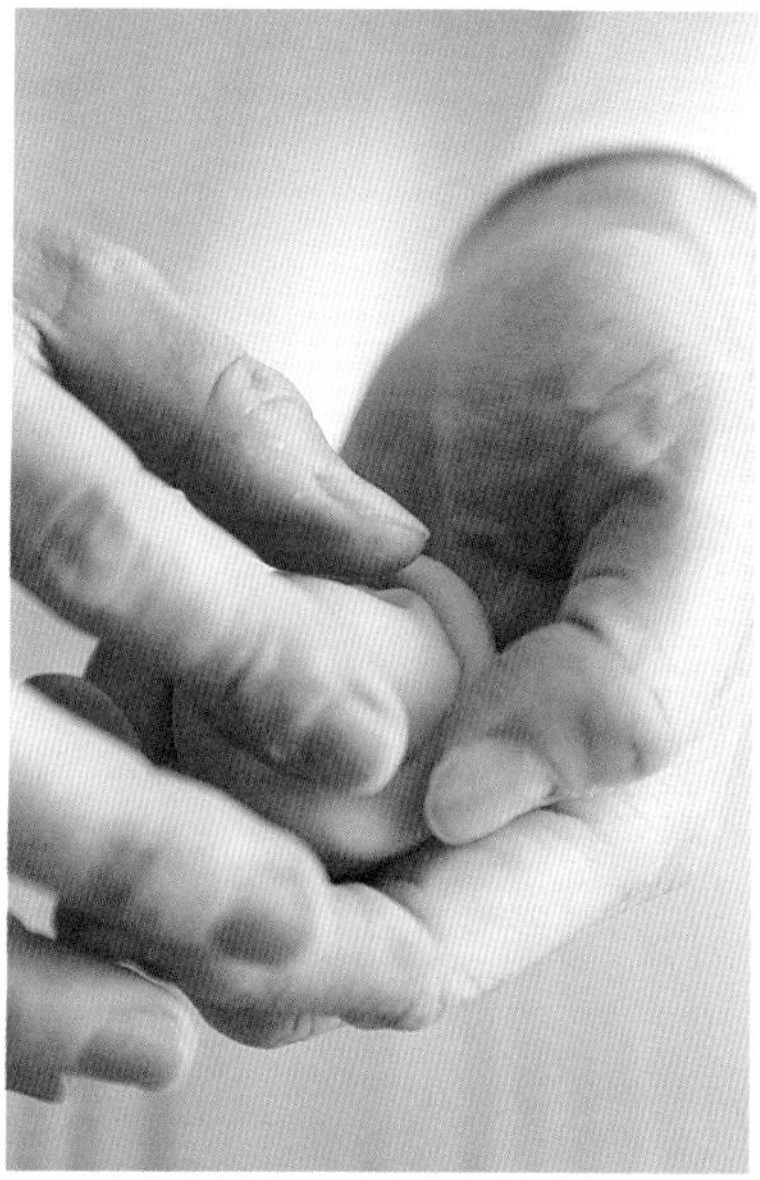

亀屋良長

文化出版局

はじめに

「亀屋良長」は、おかげさまで創業二二〇年を迎えました。伝統を守りつつ時代の嗜好を反映したお菓子にも目を向け、近年は新しい技や感性を取り入れながら昔ながらの味をアレンジしたり、菓子ブランドの展開も行なっています。また、SNSで和菓子の製造風景を配信したり、「京菓子手づくり教室」を開催するなど、作る楽しさを体験していただいています。

多くのかたがたに支えられていることを改めて感じることができた節目の年に、本の出版のお話をいただきました。次のステップに進む今、幅広い世代のかたが和菓子に親しむきっかけとなるものをまとめてみてはどうだろう。そう思って、この菓子帖を作りました。

和菓子作りはハードルが高いように思われますが、皆さんが面倒、難しいと思われるのは、おそらく「あん作り」。そこで、あん作りの基本と手順をまず知っていただき、菓子作りを始める構成にしました。代表銘菓の「烏羽玉」や人気ナンバーワンの「スライスようかん」をはじめ、中にはあんにフルーツや野菜、ナッツ、チョコレート、生クリームなどを組み合わせたバリエーション豊かな今どきの風味もご紹介しています。また、通常は捨ててしまう小豆の皮や煮汁を生かしたレシピもあり、栄養豊富なクッキーはぜひ作っていただきたい自信作です。

経験や勘に頼るところが大きい和菓子作りの工程をわかりやすくレシピ化するのは大変でしたが、店のノウハウを生かしつつ、家庭でも作りやすいように工夫を重ねました。

日々の暮しの中で少しでも和菓子のおいしさを知っていただけたら。そして、あんこが主役の和菓子を作って、楽しんでいただけたら幸いです。

亀屋良長

二二〇年愛され続けてきた「亀屋良長」の和菓子

烏羽玉

波照間島産の黒糖で炊いたこしあんを寒天で包んだ代表銘菓。創業以来作り続けているが、時代に合わせてバージョンアップしている。

季節の生菓子

京の四季のうつろいを表現した上生菓子。味わいだけでなく、色や形、銘から受ける情感や遊び心が大事にされる。

干菓子

お茶席をはじめ、贈答品や記念品にもなるお菓子。昔ながらの意匠に加え、現代の感覚を取り入れたデザインなど、幅広い品揃え。

目次

亀屋良長の定番和菓子に挑戦！　46

＊大さじ1は15ml、小さじ1は5mlです。
＊オーブンの設定温度と焼き時間は目安です。
使う機種に合わせて調整してください。

基本のあんこ三種を作りましょう

あんこは、豆のあくを取ってエッセンスを凝縮したとてもピュアなものです。材料は豆と砂糖というシンプルさ。手作りはひと手間と思われるかもしれませんが、丁寧に作ったあんこのおいしさは格別です。ここで紹介するのは、小豆の粒あんとこしあん、白いんげん豆のこしあんの三種類。店での作業は職人の経験と勘に頼ることが多いのですが、家庭でも作れるようにできるだけ細かい手順を入れています。あんこを作ることで、炊きたてのおいしさと、手作りならではの幸せ感が味わえます。ゆったりと楽しみながら作ってみてください。

粒あん

小豆の皮を残したあんで、小倉あんともいいます。小豆は粒が揃っていて、艶のあるものを選びます。皮までやわらかく、小豆の粒をつぶさないように静かにコトコト煮、やさしい甘みのてんさい糖で炊き上げます。こしあんほど手間がかからないので気軽に作れます。

こしあん

炊いた小豆をこしてさらす作業がある、手間をかけて作るあん。小豆をすりつぶすのはすり鉢、こすのはざるとこし器を使用し、二度こしして粒子を細かくし、口当りなめらかなあんに仕上げます。すっきりとした甘さのグラニュー糖を使い、艶が出るまでじっくり練り上げます。

白あん

白あんは白小豆や白いんげん豆で作るあんで、ここでは手亡豆を使っています。小豆よりも粒が大きいのでやわらかく煮るのに少し時間がかかりますが、小豆と同じ手順でこしあんに仕上げます。上品な甘みと白い色を大事にしたいのでグラニュー糖で。

皮までやわらかく、粒感を残すように煮る

粒あん

作り方10ページ

小豆をこして、煮て、エッセンスを凝縮する

こしあん

作り方12ページ

白い色と豊かな味わいで、変化を生む

白あん（白こしあん）

作り方14ページ

粒あん

仕上り7ページ

小豆の下煮で皮のしわをのばし、本炊きで豆をやわらかく、砂糖を加えて練り上げます。

材料（でき上り約750g）
小豆　250g
てんさい糖　220g

小豆

てんさい糖

小豆を煮る（目安・約25分）

1）ボウルに小豆と水を入れ、やさしく洗って豆の汚れを取り、水をきる。

2）鍋に豆を入れて、水を豆の2cm上まで加え、火にかける。

3）沸騰したら火を弱め、豆が躍らない状態で約3分煮、水200mℓを加える。

4）再沸騰したら水400mℓを加え、弱火で静かに煮る。

5）皮のしわがなくなり、ふっくらするまで弱火で静かに煮る。

6）ボウルで受けたざるにあける。

7）ボウルの煮汁はとっておく（20、32、35ページにて使用）。

8）豆は水を流しかけてやさしく洗う。

本炊き（目安・35〜40分）

9）鍋に豆を戻し、水を豆がひたひたにつかるくらい入れて、強火にかける。

10）沸騰したらお玉などであくを取り除く。

11）落しぶたと鍋のふたをしてごく弱火で煮る。途中、水が減ってきたら水を足し、さらに煮る。
●ふきこぼれないように注意。

12）へらなどに豆をのせて指でつぶし、やわらかさをチェックする。小豆の皮も充分にやわらかく、簡単につぶれたらOK。

13）火を止め、水400mℓを加える。

14）鍋に呉（豆の中身の部分）が沈殿するのを待ち、上澄みを捨てる。

あんを作る（目安・約20分）

15）てんさい糖を加えて強火にかけ、へらで切るようにそっと混ぜる。

16）沸騰したら弱火で煮つめていく。
●焦げないように注意する。

17）あくを取りながらふつふつとした状態を保ち、豆をつぶさないように時々鍋底から返す。

18）鍋底をへらで混ぜても水分が出てこず、豆がぽってりとするまで煮る。

19）へらですくって落とすと山が少しくずれるくらいになったら火を止める。
●冷めるとしまってかたくなるので、少しやわらかいくらいでOK。

20）少量ずつすくってバットに広げ、冷ます。

21）粗熱が取れたらラップフィルムをぴったりとかけ、上から軽く押し広げて空気を抜く。

保存方法

あんは平たくしてラップフィルムに包んで密封袋に入れ、冷蔵で1週間、冷凍で1か月保存可能。使う時は自然解凍（夏場は冷蔵庫）で。

ポイント
●煮る時間は豆によって個体差があるため、表記時間はあくまでも目安に。
●砂糖を加えると豆はかたくしまるので、本炊きで充分にやわらかくなるまで煮る。

こしあん

仕上り8ページ

これぞ和菓子の基本。
煮て、こして、沈殿させ、煮つめて完成、と手間はかかりますが、
炊きたては別格のおいしさです。

材料(でき上り約580g)
小豆　250g
グラニュー糖　220g

小豆

グラニュー糖

生あんをとる

10ページの粒あんの作り方**1**～**12**を参照し、小豆を下煮して、本炊きする。

1)煮上がった豆を穴あきのお玉ですくってすり鉢に移し、すり棒でつぶす。
●大きなすり鉢のほうが作業しやすい。

2)大きなボウルにざるをのせ、すりつぶした豆と鍋に残った煮汁を移し、水をかけながらへらで豆をつぶしてこす。

3)ボウルに水がたまったら水を止め、呉(豆の中身)が残らないよう丁寧にしっかりとこし出す。
●ざるに残った皮は、豆かわクッキー(33ページ参照)用にとりおく。

4)**3**をしばらくおき、呉を沈殿させる。上澄みを捨てる。

亀屋良長オリジナル
「手作りあんこセット」
材料を量らず、残さず、簡単に粒あんを作れるオリジナルのセット。小豆やてんさい糖、もなかの皮、道明寺、白玉粉、きな粉を詰め合わせ、1セットでおはぎ10個、もなか6個、ぜんざい2～3人分が作れます。初めての人にもわかりやすい写真入りのレシピつき。

5）別のボウルに目の細かいこし器をのせ、**4**の豆汁をこす。

6）水をかけながら、丁寧にこしきる。

●ボウルの水があふれないように注意。

7）ボウルを約15分おき、呉を沈殿させる。上澄みを捨てる。

8）ぬれぶきんをかけたざるに**7**をあける。

9）ふきんで包み、強く絞ってしっかりと水分をきる。

10）ふきんの中に残ったものが、生あん。

こしあんを作る

11）鍋に**10**の生あんと水150㎖、グラニュー糖を入れて混ぜ、中火にかける。

12）へらで時々混ぜながら砂糖を溶かす。

●混ぜすぎると空気が入るので焦げないように混ぜる程度にする。

13）沸騰してきたら火を弱め、煮つめていく。

●火が弱すぎると砂糖がなじみにくいので、中心から小さな泡が出る状態に火加減を調整する。

14）へらですくって落とすと山がやっと立つくらいになったら火を止める。

●冷めるとしまってかたくなるので、少しやわらかいくらいでOK。

15）少量ずつすくってバットに広げ、冷ます。

16）粗熱が取れたらラップフィルムをぴったりとかけ、上から軽く押し広げて空気を抜く。

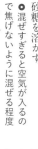

白あん

仕上り9ページ

白いんげん豆（手亡豆）で作るあん。すっきりとした上品な甘さに仕上げるためにグラニュー糖を使います。

材料（でき上り約540g）
手亡豆　250g
グラニュー糖　190g

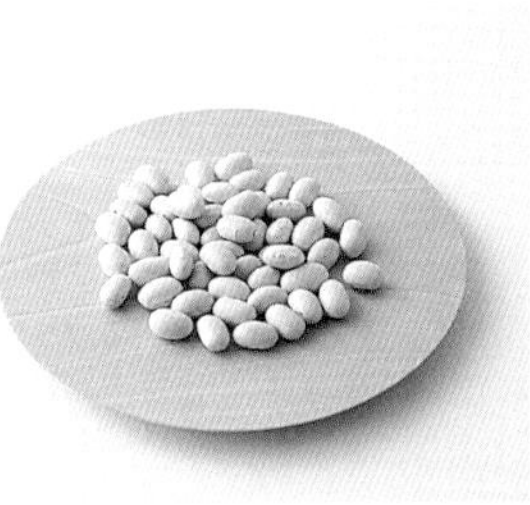

手亡豆

グラニュー糖

手亡豆を煮る（目安・約25分）

1）ボウルに手亡豆と水を入れ、やさしく洗って豆の汚れを取り、水をきる。

2）鍋に豆を入れて、水を豆の2cm上まで加え、火にかける。沸騰したら火を弱め、豆が躍らない状態で約3分煮、水200mℓを加える。

3）再沸騰したら水400mℓを加え、弱火で静かに煮る。

4）皮のしわがなくなり、ふっくらするまで弱火で静かに煮る。

5）ボウルで受けたざるにあける。水を流しかけてやさしく洗う。

本炊き（目安・約1時間）

6）鍋に豆を戻し、水を豆がひたひたにつかるくらい入れて、強火にかける。

7）沸騰したらお玉などであくを取り除く。

8）落しぶたと鍋のふたをしてごく弱火で煮る。
○ふきこぼれないように注意。

9）途中、水が減ってきたら足し、さらに煮る。

10）へらなどに豆をのせて指でつぶし、やわらかさをチェックする。やわらかく、簡単につぶれたらOK。

生あんをとる

12ページ作り方**2**~**10**を参照

11）煮上がった豆を穴あきのお玉ですくってすり鉢に移し、すり棒でつぶす。
◎大きなすり鉢のほうが作業しやすい。

12）大きなボウルにざるをのせ、すりつぶした豆と鍋に残った煮汁を移し、水をかけながらへらで豆をつぶしてこす。

13）別のボウルに目の細かいこし器をのせ、水をかけながら丁寧にこしきる。

14）ボウルを約15分おき、呉を沈殿させる。上澄みを捨てる。

15）ぬれぶきんをかけたざるに**14**をあける。

16）ふきんで包み、強く絞ってしっかりと水分をきる。

17）ふきんの中に残ったものが、生あん。

こしあんを作る

18）鍋に**17**の生あんと水150㎖、グラニュー糖を入れて混ぜ、中火にかけ、へらで時々混ぜ砂糖を溶かす。
◎混ぜすぎると空気が入るので焦げないように混ぜる程度にする。

19）沸騰してきたら火を弱め、煮つめていく。
◎火が弱すぎると砂糖がなじみにくいので、中心から小さな泡が出る状態に火加減を調整する。

20）へらですくって落とすと山がやっと立つくらいになったら火を止める。
◎冷めるとしまってかたくなるので、少しやわらかいくらいでOK。

21）少量ずつすくってバットに広げ、冷ます。

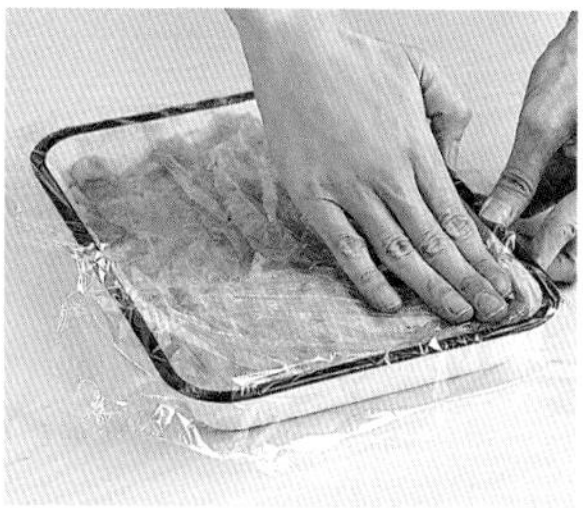

22）粗熱が取れたらラップフィルムをぴったりとかけ、上から軽く押し広げて空気を抜く。

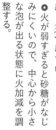

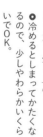

みんなが好きなあんこのおやつ

おいしいあんこがあるだけで、日常の和菓子のクオリティはぐんと上がります。なじみのある「おはぎ」や「桜餅」「椿餅」は道明寺とあんの組合せ、「麩の焼き」や「どら焼き」は生地とあんの組合せで味や食感のバリエーションが生まれます。おいしくでき上がったら、おやつにするもよし、手土産にするもよし。あんこがみんなを笑顔にしてくれます。

道明寺
あんともっちり生地の出合い

きんかんの甘露煮入り
冬の人気菓子
椿餅
作り方20ページ

桜葉の香りで春を感じて

桜餅

作り方21ページ

あんこに寄り添う繊細な道明寺
おはぎ

おはぎ

口の中でほどけるような繊細な舌触りの道明寺。
腰高に丸めると、すっきりとした見た目になります。

材料（10個分）
上白糖　20g
塩　ふたつまみ
道明寺粉　100g
粒あん（10ページ参照）　200g
きな粉　適量

① 小鍋に水170㎖、上白糖と塩を入れて中火にかける。沸騰したら道明寺粉を加え、粒がだまにならないように、さっと箸で混ぜる。再度沸騰したら火を止め、ふたをして10分蒸らす。
② ラップフィルムを広げたバットに①を取り出し、粗熱を取る。
③ ②が温かいうちに、ぬらした手で10個に丸める。
④ 粒あんを10個に丸める。
⑤ ④のあん玉5個をてのひらで広げ、③の道明寺を包む（A）。
● 下まで包みきらなくてもOK。
⑥ 残りのあん玉5個をてのひらで広げた残りの道明寺で包んで（B）、茶こしに入れたきな粉をかける（C）。
● 真ん丸でなく、腰高に丸める。
● ぬれぶきんで手を湿らしながら包む。

A

B

C

椿餅

仕上り16ページ

きんかん、白あん、道明寺の三層になった椿餅。
きんかんは蜜をきっておくとあんがべたっとなりません。

材料(10個分)
小豆の煮汁(10ページ作り方**7**参照)　90mℓ
上白糖　20g
道明寺粉　100g
白あん(14ページ参照)　100g
きんかんの甘露煮(市販品)　10個
椿の葉　20枚

準備
・きんかんを半分に切り、種を除いて、蜜をきっておく。
・椿の葉の両先を切り落としておく。

① 小鍋に小豆の煮汁と水80mℓ、上白糖を入れて中火にかける。沸騰したら道明寺粉を加え、粒がだまにならないように、さっと箸で混ぜる(A)。再度沸騰したら火を止め、ふたをして10分蒸らす。
●煮汁がなければ、水170mℓで作る。

② ラップフィルムを広げたバットに①を取り出し、粗熱を取る。

③ ②が温かいうちに、ぬらした手で10個に丸める。

④ 白あんを10個に丸める。

⑤ ④のあん玉をてのひらの上で軽く広げ、その上にきんかん2切れをのせて包み(B)、さらに③の道明寺で包んで形を整える。椿の葉を上下につける。
●真ん丸でなく、腰高に丸める。
●ぬれぶきんで手を湿らしながら包む。

A

B

椿餅の断面図

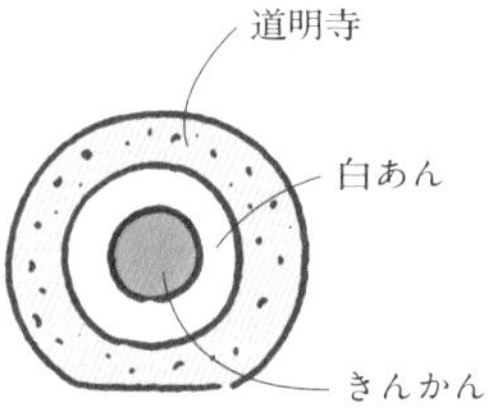

桜餅

仕上り17ページ

道明寺粉の扱いは意外と簡単。
だまにならないように箸で混ぜながら沸騰させ、水分を吸わせます。

材料（10個分）
上白糖　20g
道明寺粉　１００g
こしあん（12ページ参照）　２００g
桜の葉の塩漬け（市販品）　10枚
桜の花の塩漬け（市販品）　10個

準備
・桜の葉は葉元の軸を切り落とし、花の塩漬けとともに水で洗って塩抜きしておく。

①　小鍋に水１７０㎖、上白糖を入れて中火にかける。沸騰したら道明寺粉を加え、粒がだまにならないようにさっと箸で混ぜる。再度沸騰したら火を止め、ふたをして10分蒸らす。
②　ラップフィルムを広げたバットに①を取り出し、粗熱を取る。
③　②が温かいうちに、ぬらした手で10個に丸める。
④　こしあんを10個に丸める。
⑤　③の道明寺を広げて④のあん玉を包み、形を整える（A）。桜の葉の真ん中に置いて上に桜の花を飾り（B）、葉で巻く。

●真ん丸でなく、腰高に丸める。
●ぬれぶきんで手を湿らしながら包む。

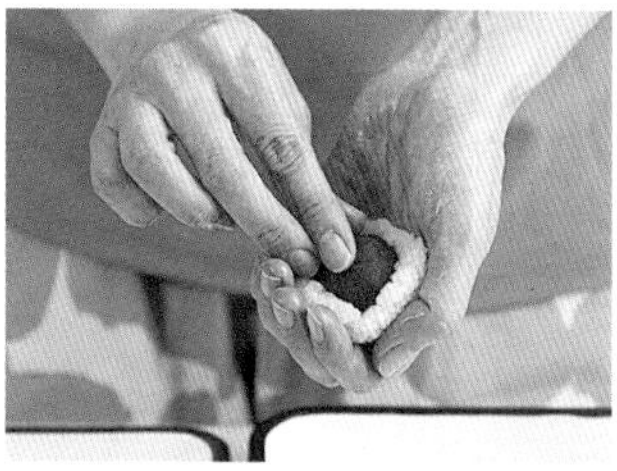

A

B

もちっと食感のあんこ菓子
麩の焼き

白あんの皮＋白みそあん
作り方25ページ

粒あんの皮＋抹茶クリーム
作り方24ページ

二つの生地で楽しむ　どら焼き

ふんわり
作り方26ページ

もっちり
作り方27ページ

麩の焼き・粒あんの皮＋抹茶クリーム

仕上り22ページ

生地にあんを加えた和のクレープ風。
ホットプレートで焼くときれいな焼き色になります。

材料（約12個分）

〈麩の焼きの皮〈長径12cmの楕円形約12枚分〉〉
上白糖　45g
粒あん（10ページ参照）　65g
餅粉　25g
薄力粉　50g

〈抹茶クリーム〉
上白糖　小さじ2
抹茶　小さじ½
生クリーム　120mℓ
サラダ油　適量

準備

・ホットプレートを180〜190℃に温めておく。
・粒あんの粒を指で押しつぶしておく。

麩の焼きの皮

抹茶クリーム

① ボウルに上白糖と水120mℓを入れて泡立て器で合わせる。

② 粒あんを加えて混ぜる（A）。

③ 餅粉と薄力粉をふるい入れ、均一になるまで泡立て器で混ぜる。

④ ホットプレートに薄く油をひく。
●フライパンでもよい。

⑤ ③の生地をお玉1杯弱すくってホットプレートに流し、お玉の背で薄く楕円形に広げる（B）。
●12×7cmの楕円を目安に。

⑥ 焼き色がついたら、裏返してさっと焼き、バットに取り出す。固く絞ったふきんをかけておく。残りの生地も同様に焼く。

⑦ 抹茶クリームを作る。別のボウルに上白糖、抹茶を入れて合わせ、生クリームを加えて泡立て器でホイップ状になるまで泡立てる。

⑧ ⑥が冷めたら、⑦をスプーンですくって真ん中にのせ（C）、両端をつまんで半分に折り合わせる（D）。

A

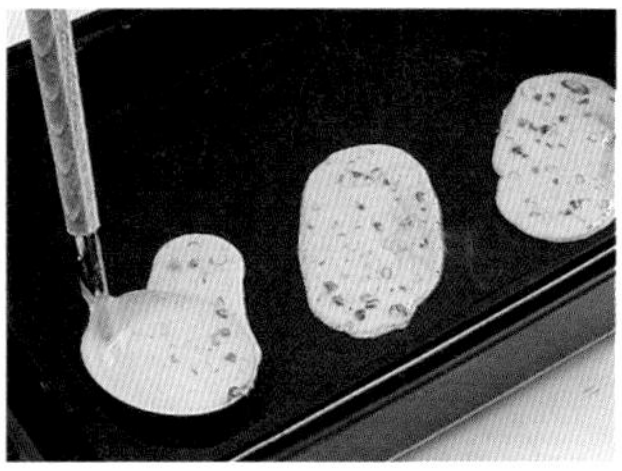

B

C

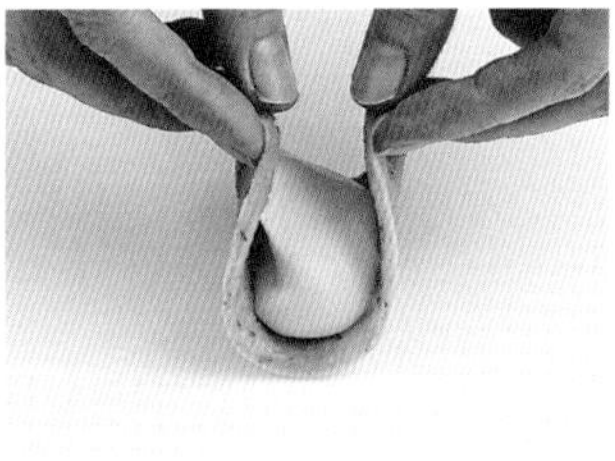

D

麩の焼き・白あんの皮＋白みそあん

仕上り22ページ

上品な甘みの白あんと白みその組合せは京都ならでは。山椒の香りが引き立てます。

材料（約10個分）

〈麩の焼きの皮（長径12㎝の楕円形約10枚分）〉
上白糖　45g
白あん（14ページ参照）　65g
餅粉　25g
薄力粉　50g

〈白みそあん〉
白みそ　10g
粉山椒　少々
白あん（14ページ参照）　180g
木の芽　10枚
サラダ油　適量

準備

・ホットプレートを180〜190℃に温めておく。

麩の焼きの皮

白みそあん

①ボウルに上白糖と水120㎖を入れて泡立て器で合わせる。
②白あんを加えて混ぜる（A）。
③餅粉と薄力粉をふるい入れ、均一になるまで泡立て器でよく混ぜる。
④ホットプレートに薄く油をひく。
●フライパンでもよい。
⑤③の生地をお玉1杯弱すくってホットプレートに流し、お玉の背で薄く楕円形に広げる（B）。
●12×7㎝の楕円を目安に。
⑥きつね色の焼き色がついたら、裏返してさっと焼き、バットに取り出す。残りの生地も同様に焼く。固く絞ったふきんをかけておく。
⑦生地が冷めたら白みそを薄くぬり、粉山椒をふりかける（C）。
⑧白あんを10等分して細長くし、⑦にのせて手前から巻く（D）。上に木の芽を飾る。

A

B

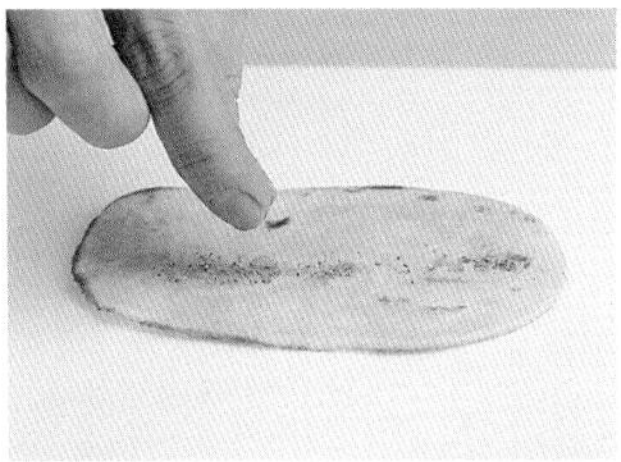
C

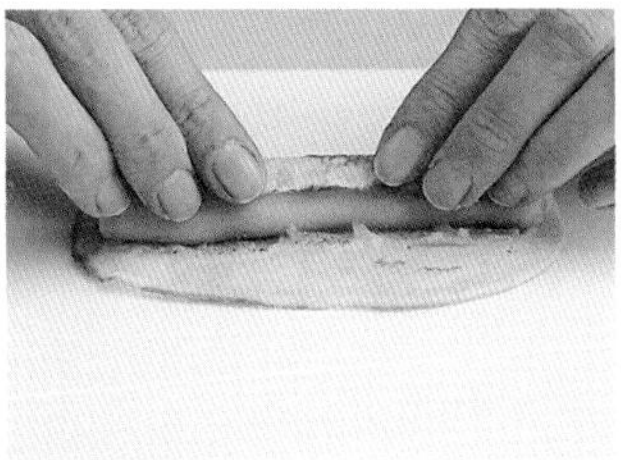
D

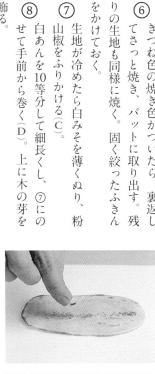

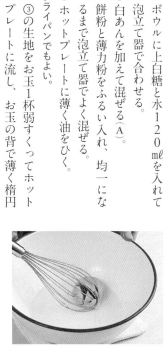

どら焼き・ふんわり

仕上り23ページ

黒糖味の生地と相性のよい粒あん。
クリームをプラスするとより食べごたえのあるどら焼きに。

材料（約10個分）
〈生地（直径約8cmの丸形約20枚分）〉
とき卵（常温）　120g
黒糖　50g
上白糖　45g
塩　ふたつまみ
はちみつ　7g
みりん　7g
重曹　小さじ¼
薄力粉　120g
〈ホイップクリーム〉
生クリーム　100mℓ
上白糖　7g
粒あん（10ページ参照）　250g
サラダ油　適量

準備
・ホットプレートを180℃に温めておく。

① ボウルに卵、黒糖、上白糖、塩、はちみつ、みりん、水20mℓで溶いた重曹を入れ、泡立て器でしっかりと泡立てる。リボン状に落ちて、しばらく形が残るくらいまで泡立てる（A）。
② 薄力粉をふるい入れ、へらで粉がなくなるまでさっくりと混ぜる（B）。
③ ホットプレートに薄く油をひく。
●フライパンでもよい。
④ ②の生地をお玉1杯すくってホットプレートに流し、ふたをする。
⑤ 表面が乾いてきたら裏返してさっと焼き（C）、バットに取り出す。残りの生地も同様に焼く。乾かないようにラップフィルムをかける。
⑥ 別のボウルにホイップクリームの材料を入れ、氷水に当てながら泡立てる。
⑦ 粒あんを10等分して丸め、たっぷりの⑥とともに⑤ではさむ（D）。

A

B

C

D

どら焼き・もっちり

仕上り23ページ

白あんはフルーツと好相性。
生地は混ぜるだけ。もっちり生地に仕上がります。

材料（約6個分）

〈生地（直径約7cmの丸形約12枚分）〉

- 卵　1個
- 上白糖　50g
- 餅粉　100g
- ベーキングパウダー　小さじ1

粒あん（10ページ参照）　45g

白あん（14ページ参照）　45g

いちご（または季節の果物）　3個

サラダ油　適量

準備

・ホットプレートを170〜180℃に温めておく。

① ボウルに卵をほぐし、上白糖、水80〜90mlを入れて泡立て器で混ぜる。

② 餅粉、ベーキングパウダーをふるい入れ、泡立て器でしっかりとよく混ぜる。生地を持ち上げると流れて線がゆっくり消えていくくらいのかたさに水で調整する（A）。

③ ホットプレートに薄く油をひく。

●フライパンでもよい。

④ ②の生地をお玉1杯すくってホットプレートに流し（B）、ふたをする。

●上から流すと丸くなる。

⑤ きつね色の焼き色がついたら、裏返してさっと焼き（C）、バットに取り出す。残りの生地も同様に焼く。乾かないようにラップフィルムをかける。

⑥ 粒あんと白あんをそれぞれ3等分して丸め、⑤ではさむ（D）。白あんは半分に切ったいちご2切れと一緒にはさむ。

A

B

C

D

あんこ、抹茶、練乳の王道甘味

宇治金時ゼリー

宇治金時ゼリー

抹茶を使った和のゼリー。
ゼリー液は冷水で温度を下げると早く固まります。

材料（15×14×高さ4.5cmの流し型1台分）
〈抹茶ゼリー〉
抹茶　5g
上白糖　40g
粉ゼラチン　5g
粒あん（10ページ参照）　適量
練乳　適量

① ボウルに抹茶、上白糖、粉ゼラチンを入れて（A）、泡立て器で混ぜる。
② ①に熱湯100mℓを加え、よく溶かす。
③ 冷水200mℓを加え、混ぜる。茶こしでこしながら、流し型に流す（B）。冷蔵庫で冷やし固める。
④ ③を食べやすい大きさに切って器に盛り、粒あんを添え、練乳をかける。

A

B

体にも心にもやさしいあんこ菓子

豆の煮汁を活用したあんこの冷菓

グラニテ 作り方32ページ

こしあんを作る際に残ってしまう豆の皮。こした後の豆かすですが、皮には食物繊維がたっぷり含まれています。これをお菓子に生かせないだろうか。そんな思いを巡らしながら考えたのがから煎りした小豆の皮を加えた「豆かわクッキー」です。豆の煮汁も皮同様に使い道がないものですが、水の代りに煮汁で作ってみたら「グラニテ」や「わらび餅」はうっすら小豆色になりました。甘さ控えめで体にやさしく、皮も煮汁も生かせれば環境にもやさしい。余すことなく使いきれば、心もやさしい気持ちに満たされます。

小豆の皮を感じる薄焼きに

豆かわクッキー 作り方33ページ

グラニテ

仕上り30ページ

小豆の煮汁と粒あんで作るグラニテ。
牛乳を加えるとまろやかになり、ほっとするおいしさに。

材料（15×15cmのフリーザーバッグ1袋分）

小豆の煮汁（10ページ作り方**7**参照）　50mℓ
牛乳　50mℓ
グラニュー糖　20g
粒あん（10ページ参照）　80g

① 鍋に小豆の煮汁、牛乳、グラニュー糖を入れて中火にかけ、砂糖が溶けるまでへらで混ぜる。
●電子レンジを使って溶かしてもよい。

② ①と粒あんをフリーザーバッグに入れ、上からもんであんをほぐす（A）。袋をしっかり閉めて平らにし、1時間冷凍庫で冷やす。

③ ②を取り出し、封を開けて空気を含ませるようにしながらもむ（B）。
●手が冷たければタオルで包んでもむ。

④ 空気を含んでふわっとした状態で再び冷凍庫に約30分おき、もう一度③の工程を行なう。

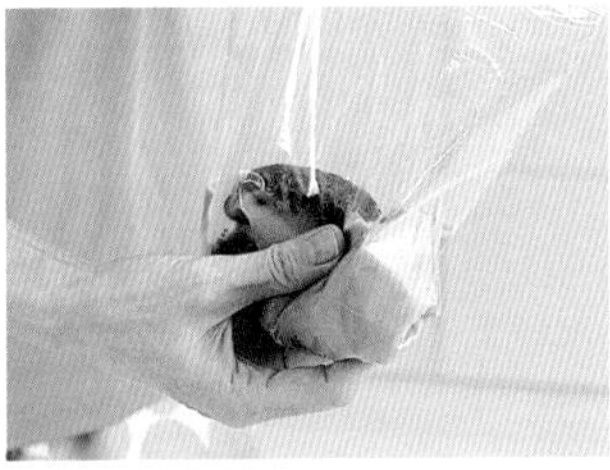

A

B

捨てるなんてもったいない！栄養豊富でサステイナブルな煮汁と皮

豆を煮る時に出る渋といわれる赤紫色の煮汁や、炊いた豆をこした後に残る皮は使い道がないものとされ、廃棄されてきました。しかし、煮汁には小豆に多く含まれているポリフェノールが溶け出しており、皮は食物繊維が豊富。実は体にいいうえに、再利用することでエコでサステイナブルな材料に。店でも煮汁で炊いた求肥の「あづき餅」や豆の皮を乾燥させてぼうろ生地に練り込んだ「焼きあづき」などの商品を考案しました。今回はこの本のために手作りお菓子に使ってみました。ぜひ、作ってみてください。

豆かわクッキー

仕上り31ページ

から煎りした小豆の皮をたっぷり使ったクッキー。薄くのばして、素朴な風味とサクサクの食感を引き出します。

材料(22×22cm1枚分)

〈a〉
小豆の皮(乾燥したもの・下記参照)　15g
薄力粉　60g
全粒粉　15g
きび砂糖　25g
塩　ひとつまみ
米油　大さじ2
メープルシロップ　小さじ1

準備

・オーブンを170℃に温めておく。

① ボウルにaを入れて混ぜ合わせる。
② ①に米油を加えて手ですり混ぜ、ぽろぽろのそぼろ状にする(A)。
③ メープルシロップと水小さじ2を加えて手早くざっくりまとめる(B)。
④ ③をオーブンシートにのせ、麺棒で2mm厚さに薄くのばし、フォークで穴を数か所あける(C)。
⑤ 170℃のオーブンで約22分焼く。
⑥ 焼き色がついたらオーブンから出し、冷ます(D)。好みの大きさに割る(E)。

小豆の皮(乾燥したもの)

① こしあんを作る際に残った小豆の皮(12ページ作り方3参照)を、ぎゅっと絞って水気を取る。
② フライパンを中火にかけ、①を入れてから煎りする(F)。
③ 水分が飛んで乾いてきたら火を弱め、ぱらぱらになったら完成(G)。小豆250gでこしあんを作った場合、乾燥した皮が約30gとれる。

A

B

C

D

E

F

G

これぞできたての醍醐味

わらび餅

わらび餅

おいしさのこつは高速で練ること。固まり始めたら一気に練り上げます。

材料（3人分）
わらび粉　35g
小豆の煮汁（10ページ作り方**7**参照）　185mℓ
グラニュー糖　65g
きな粉　適量

① 鍋にわらび粉と小豆の煮汁大さじ2を入れてなじませ（A）、残りの煮汁を加えて混ぜる（B）。
●少しなじませてから混ぜるとだまになりにくい。

② グラニュー糖を加えて中火にかけ、木べらでかき混ぜる。

③ 沸騰したら火を弱め、約5分しっかりと練り続ける（C）。木べらを持ち上げると細く糸を引くような感じになるくらいが目安（D）。
●固まりだしたら高速でしっかり練ると、こしが強くのびのある餅になる。

④ きな粉を全面にふったバットに③を流す（E）。温かいうちに二つ折りにして（F）、端を引っ張りながら食べやすい大きさにちぎってまとめ（G）、きな粉をつける。

⑤ 食べる前に冷蔵庫で冷やす。器に盛り、きな粉をかける。
●冷蔵庫で長時間冷やすとかたくなるので注意。

A

B

C

D

E

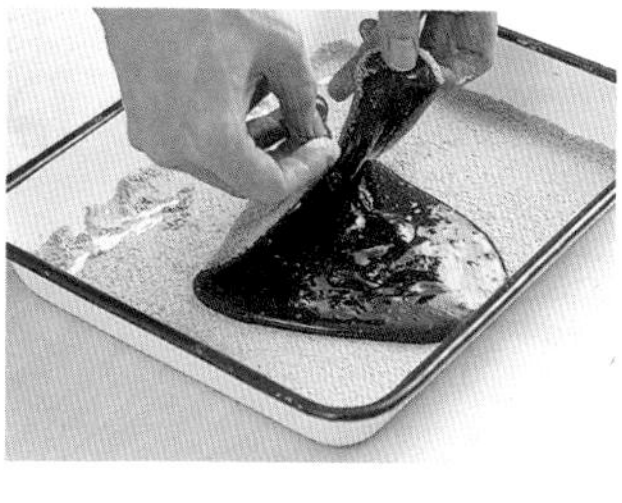
F

G

リッチな風味の洋風あんこ菓子

あんはシンプルで雑味がないぶん、いろいろな素材と組み合わせることが可能です。「亀屋良長」では和菓子の新しい味わいに注目し、和洋の枠を超えた菓子作りにも挑戦しています。ここで紹介しているのもそんな新しいあんこ菓子で、あんを一緒に焼き込んだサクサク、ほろほろの焼き菓子や、しっとり、ふんわりのリッチな風味のケーキなど。チョコレートや生クリーム、スパイスとの相性もよく、和菓子好きも洋菓子好きも満足できるおいしさです。

ふんわり、しっとり、あんの香り

あんシフォン 作り方38ページ

あんこの甘味を心ゆくまで

あんスコーン 作り方39ページ

あんシフォン

粒あんをたっぷり使ったシフォンケーキ。あんの甘みが生地にやさしさを添えてくれます。

仕上り36ページ

材料（直径18×高さ16cmのシフォン型1台分）
粒あん（10ページ参照）　220g
卵黄　3個分
米油　55g
卵白　5個分
グラニュー糖　70g
塩　ひとつまみ
薄力粉　75g
ベーキングパウダー　小さじ½

準備
・薄力粉とベーキングパウダーを合わせてふるっておく。
・オーブンを160℃に温めておく。

① ボウルに卵黄を入れ、米油を少しずつ加えて、その都度泡立て器で混ぜ合わせる。
●マヨネーズのような見た目を目安に。

② 粒あんを加え、へらでさっくり混ぜる（A）。
●もったりとした生地が目安。かたいようなら水を少し加えて調整する。

③ メレンゲを立てる。別のボウルに卵白と塩を入れてハンドミキサーでときほぐし、泡立てる。なだらかな山が立つくらいになったら（B）、グラニュー糖を3回に分けて加え、その都度しっかり泡立てる。
●つのが立ち、先が少し曲がるくらいが目安。

④ ②に③のメレンゲの⅓量を加え（C）、泡立て器でむらがなくなるまで混ぜる。

⑤ ④に、ふるっておいた粉⅓量（D）と③のメレンゲ⅓量→粉⅓量と残りのメレンゲ→残りの粉の順に加え、その都度、底から大きく切るようにへらで手早く混ぜ合わせる（E）。粉気がなくなり、均一になって生地に艶が出るまで混ぜる。

⑥ 型に流し入れ（F）、平らにならして160℃のオーブンで約40分焼く。

⑦ 焼き上がったら型ごと逆さにして、完全に冷めるまでおく。

⑧ 充分に冷めたら、ナイフを使って型から外す。

A

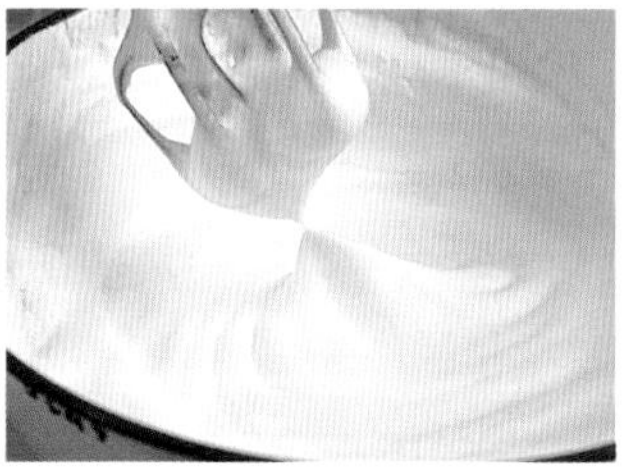
B

C

D

E

F

あんスコーン

仕上り37ページ

さっくりと仕上げるには混ぜすぎないこと。あんをつぶしながら加えると口当りのよい生地に。

材料（6個分）

粒あん（10ページ参照）　100g

〈a〉

薄力粉　80g

アーモンドプードル　20g

上白糖　小さじ1

ベーキングパウダー　小さじ1

塩　ふたつまみ

米油　25g

メープルシロップ　小さじ1

準備

・オーブンを180℃に温めておく。

①ボウルにaを入れて泡立て器で混ぜ合わせる。

②①に米油を加えて手ですり混ぜ、ぽろぽろのそぼろ状にする。

③粒あんとメープルシロップを加えて（A）、軽く混ぜてひとまとめにし（B）、5～6回折りたたむようにこねる。

④6等分にして丸め、手で押して2cmほどの厚さにする（C）。

⑤180℃のオーブンで約40分焼く。焼きたてに好みでクリームを添える。

●冷めた場合は食べる前にオーブントースターで温めるとよい。

A

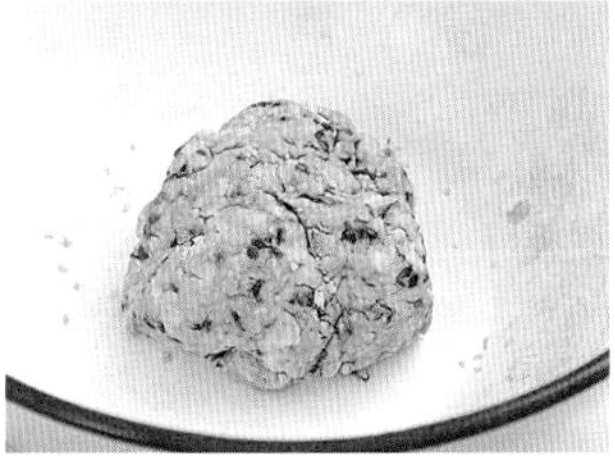

B

C

リッチな風味の洋風あんこ菓子

あんこ×スパイスで大人の味

あんこパイ　作り方42ページ

しっとり白あんで上品な甘みに

あんチーズケーキ 作り方43ページ

あんこパイ

仕上り40ページ

焼きたてはサクサク、時間がたつとしっとりの大人味のパイ。スパイスの種類や量はお好みで。

材料（18本分）

粒あん（10ページ参照）　180g
冷凍パイ生地　1枚（約170g）
みりん　少々
〈a〉
コリアンダー（粉末）　小さじ¼
クローブ（粉末）　3つまみ
カルダモン（粉末）　3つまみ
レーズン　15g

準備

・パイ生地を解凍しておく。
・オーブンを200℃に温めておく。

① 解凍したパイ生地を半分に切り、麺棒でそれぞれ28×12cm、厚さ1mmほどにのばす。フォークで数か所穴をあける。

② ①の1枚に粒あんを薄く広げる。左右1cmはあんをのせずにあけておく。

③ 合わせたaのスパイスを茶こしに入れて②にふりかけ、レーズンをのせる（A）。
●レーズンは埋め込むようにする。

④ ③の生地のあいた部分にはけで水をぬり（B）、①のもう1枚のパイ生地をかぶせて（C）、軽く押さえ、冷蔵庫で10〜15分冷やす。

⑤ ④を横長に置いて1.5cm幅にカットし（D）、生地を3回ほどねじり（E）、鉄板に並べる。

⑥ 表面にはけでみりんをぬる（F）。
●パイの断面にはぬらない。

⑦ 200℃のオーブンで約18分焼く。
●オーブンに入りきらないパイは冷蔵庫で冷やしておく。

⑧ 焼き上がったら網に移して冷ます。

A

B

C

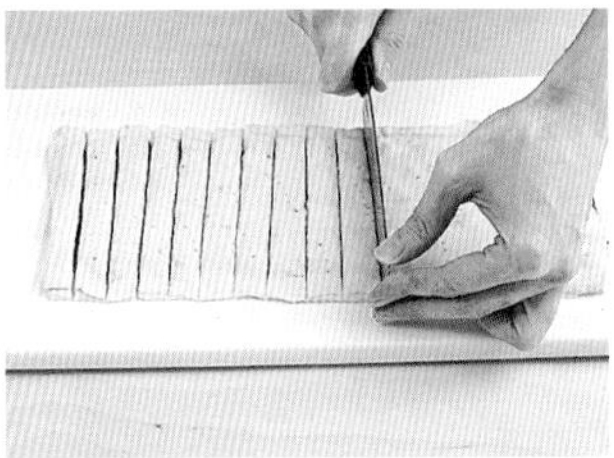
D

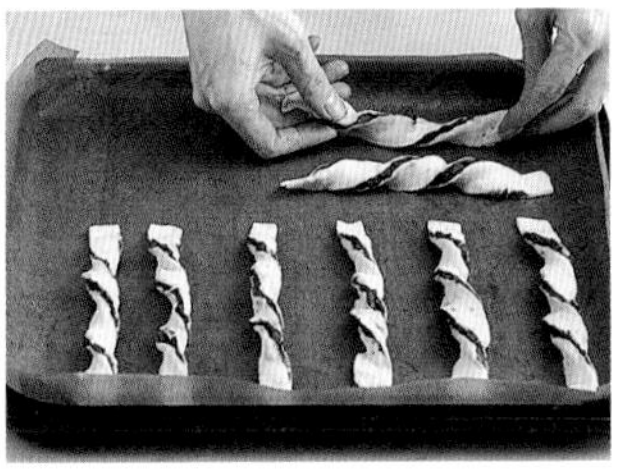
E

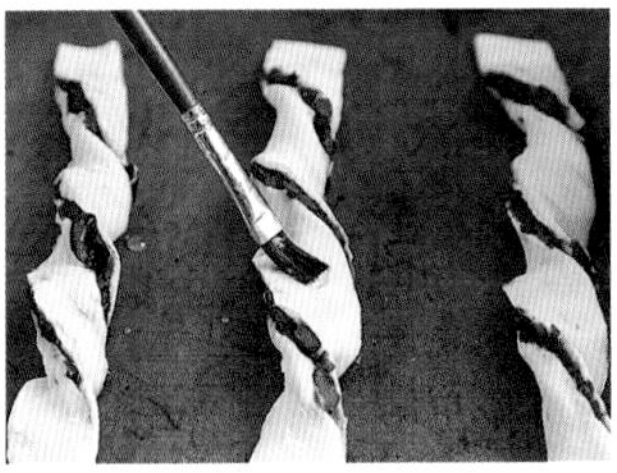
F

あんチーズケーキ

白あんの個性を生かした粉を使わないチーズケーキ。油脂が少ないのにしっとりです。

仕上り41ページ

材料（直径12×高さ5.5cmの丸型1台分）

〈チーズケーキ生地〉
白あん（14ページ参照）　105g
クリームチーズ　180g
グラニュー糖　40g
とき卵　50g
レモン果汁　12mℓ
生クリーム　40mℓ

〈クッキー生地〉
クッキー（あっさりしたものか、クラッカー）　25g
バター　10g

準備

・型にオーブンシートを敷いておく。
・クッキーを袋に入れて麺棒で粉砕する。
・バターをとかしておく。
・クリームチーズを常温に戻しておく。
・オーブンを180℃に温めておく。

リッチな風味の洋風あんこ菓子

① クッキー生地を作る。とかしバターに粉砕したクッキーを入れ、バターがクッキー全体になじむまでへらで混ぜ合わせる。型に敷き詰めて平らにならす（A）。
●麺棒の先の平らな部分で押すなどしてならすとよい。

② チーズケーキ生地を作る。ボウルにクリームチーズを入れて泡立て器でほぐし、白あんを手でほぐしながら加え（B）、なめらかになるまで混ぜる。グラニュー糖、卵、レモン果汁、生クリームの順に加え、その都度泡立て器で混ぜる。

③ ②の生地をこし器でこして①の型に流し入れる（C）。

④ 180℃のオーブンで40～50分焼く。
●表面に焼き色がついて上を軽く押すと戻ってくるくらい、竹串で刺して生地がついてこないのを目安に。

⑤ 焼き上がったら粗熱を取り、型ごと冷蔵庫で1時間冷やす。型から出してカットする。

A

B

C

和菓子の手法で蒸して作る

浮島チョコレート

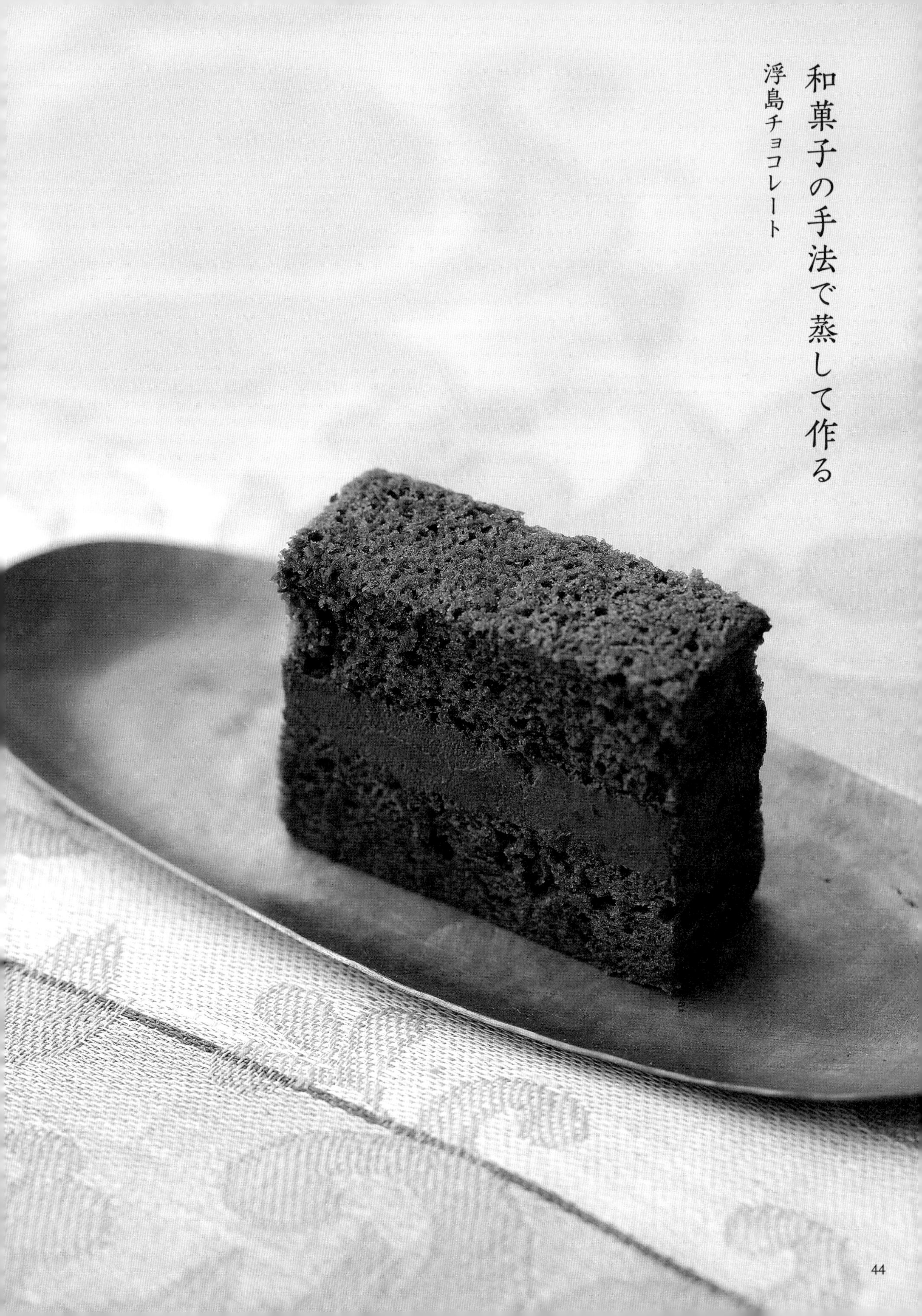

浮島チョコレート

浮島は、あんと卵黄、粉を混ぜ、メレンゲを合わせて蒸し上げた古くからある和菓子の生地のこと。チョコともクリームとも相性抜群です。

材料（15×14×高さ4.5cmの流し型1台分）

粒あん（10ページ参照） 130g
卵黄 小2個分（27g）
薄力粉 4g
米粉 4g
ココアパウダー 小さじ½
卵白 40g
上白糖 20g
ガナッシュクリーム（下記参照） 適量

準備

・型にオーブンシートを敷いておく。
・ガナッシュクリームを作って冷蔵庫においておく。
・粒あんの粒を指で押しつぶしておく。
・蒸し器を温めておく。

リッチな風味の洋風あんこ菓子

① ボウルに粒あんと卵黄を合わせて泡立て器で混ぜる（A）。

② 薄力粉、米粉、ココアパウダーをふるって加え、混ぜる。

③ 別のボウルに卵白をハンドミキサーでときほぐし、泡立てる。なだらかな山が立つくらいになったら、上白糖を3回に分けて入れ、その都度しっかり泡立てる。
●つのが立ち、少し先が曲がるくらいが目安。

④ ②に③のメレンゲを加えてへらでしっかり混ぜる（B）。

⑤ 型に入れて、平らにならす（C）。

⑥ ⑤を蒸気の上がる蒸し器に入れ、ふたをずらして10分、ふたを閉めて20分、中火から強火で蒸す。

⑦ 蒸し上がったら型から取り出してしっかり冷ます。

⑧ ⑦の生地を縦半分に切り、片方にガナッシュクリームをのせ平らに広げる（D）。残りの生地を重ね、はみ出したクリームをへらで平らにする（E）。冷蔵庫で冷やしてからカットする（F）。

A

B

C

D

E

F

ガナッシュクリーム

材料（作りやすい分量）

ビターチョコレート（カカオ分約60%） 40g
生クリーム 80ml

① 鍋に生クリームを入れ沸騰させる。

② ボウルに刻んだチョコレートを入れ、①の生クリームを加える。泡立て器で混ぜ合わせ、チョコレートを完全にとかす。

③ 冷蔵庫でしっかり冷やす。数時間ねかし、使う時に泡立て器で混ぜる。やわらかいつのが立つくらい（G）。●泡立てすぎないようにする。

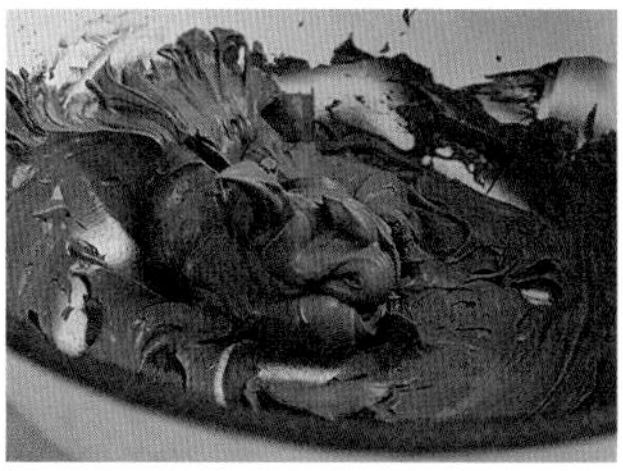

G

亀屋良長の定番和菓子に挑戦！

ここでは「亀屋良長」の看板菓子である「烏羽玉」「スライスようかん」、定番の「ようかん」や「蒸しようかん」「きんとん」「錦玉」のレシピを紹介します。昔ながらのあん玉やようかんをベースにした、当代考案のフルーツやナッツ、カカオ入りのレシピも初公開。烏羽玉やスライスようかんは店では専用の道具を使って作っていますが、家庭で代用できる道具を考えました。繰り返し作るうちに手応えを感じてもらえ、味も見た目もよくなります。ぜひ挑戦してみてください。

のせるだけであんトーストに
小倉 作り方48ページ

亀屋良長の人気者
スライスようかん

焼きいものような
おいしさ
さつまいも

作り方57ページ

スライスようかん・小倉

粒あんとこしあんで作る店のレシピも、スライスの仕方も、家庭向きにしました。

仕上り46ページ

材料（8〜10枚分・でき上り約330g・8×8×高さ5cmの容器1個分）

粉寒天　小さじ1

グラニュー糖　120g

粒あん（10ページ参照）　190g

スライスの道具

板状のマグネット（10×2cm）4枚以上／底がフラットなバット／テグス／重し（ようかんの容器に水を入れて使用）／ぬれぶきん／バットが動かないように置く容器など

準備

・粒あんをミキサーで粗くつぶしておく。つぶしにくい時は、少量の水を加えて調整する。

① 小鍋に粉寒天と水90mlを入れて中火にかける。沸騰したらグラニュー糖を加え、溶けたら粒あんを加える（A）。

② 焦がさないようにへらで底をやさしく混ぜ、とろみが出るまで強火で煮つめる。

●へらで鍋底をこそぐように混ぜるのが基本（B）。混ぜすぎるとこしがなくなり寒天が固まらないので注意する。あんかけのあんくらいのとろみで、煮る時間は3〜5分が目安。

③ 細かい泡が沸き、へらでこそぐと鍋底が見えるようになったら火を止め（C）、容器に流して（D）、冷蔵庫で冷やし固める。

④ 容器とようかんの間に空気を入れ、ようかんを取り出す（E）。（写真右はさつまいも）

⑤ ぬれぶきんの上にバットを返して置き、④をその上に置く。板状のマグネットをようかんをはさむように1枚ずつ固定し、重し（水を入れた容器）をようかんの上に置く。テグスをマグネットの上に張って手前に向かって動かし（F）、ようかんを薄くスライスする（G）。マグネットを左右に1枚ずつ重ね、テグスを同様に動かして2枚目をスライスする（H、I）。同じ作業を繰り返す。スライスしたようかんは乾かないようにラップフィルムをかけておく。

⑥ 食パン（材料外）にスライスようかんを1枚のせ（J）、オーブントースターで焼

A

B

C

D

E

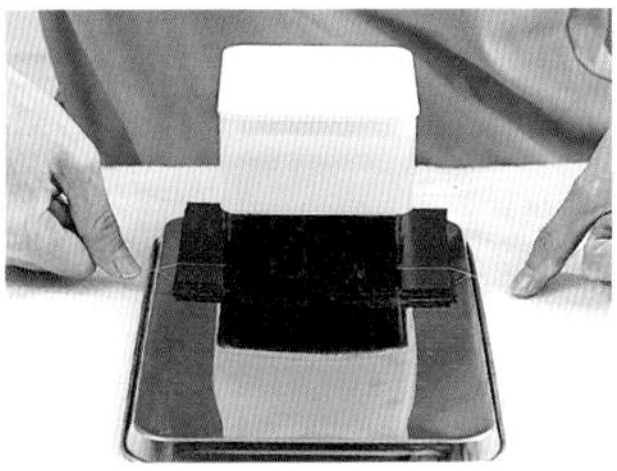
F

G

く。ようかんがグツグツしたら取り出し（K、L）、バター（材料外）をのせる。

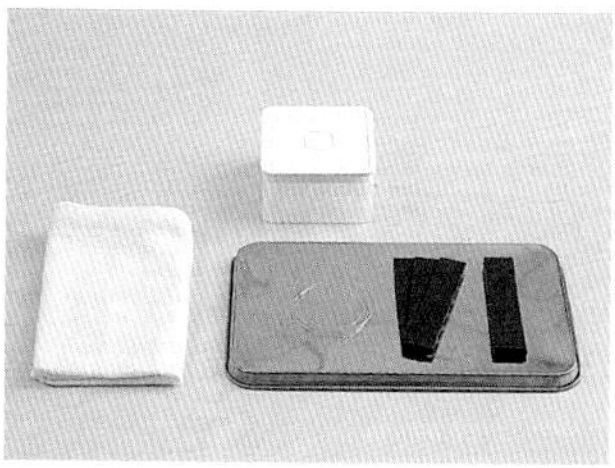

●板状のマグネット（18×10cm、厚さ2mm）は100円ショップなどで購入可能。これをようかんのサイズよりも長くなるように切る。ようかんは約8×8cmなので、マグネットは10×2cmにカット。

スライスの動画

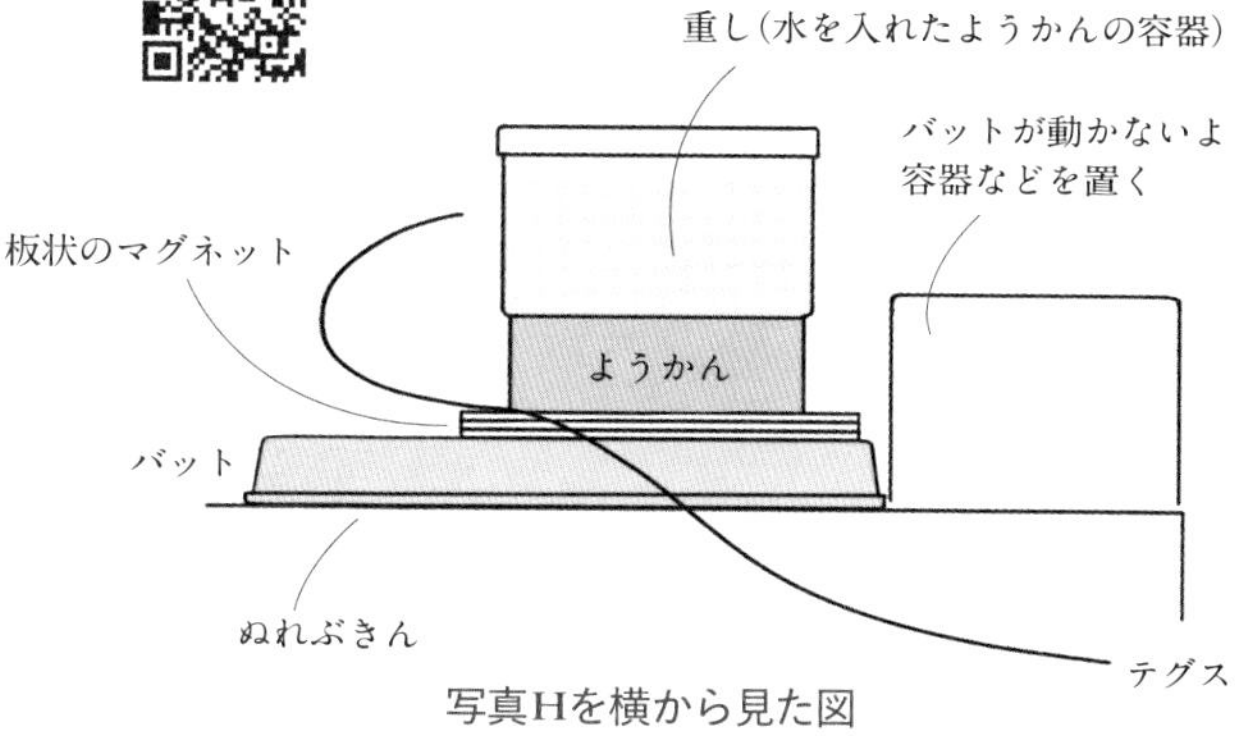

写真Hを横から見た図

H

I

J

K

L

焼きいものようなおいしさ

スライスようかん・さつまいも

仕上り47ページ、作り方57ページ

亀屋良長大ヒット作「スライスようかん」

簡単に作れるあんトーストがあったらいいなという思いとスライスチーズをヒントに生まれたシート状のようかん。丹波大納言小豆のようかんの上に沖縄の塩をきかせたバターようかんとけしの実をトッピングした「小倉バター」、季節限定の「焼き芋」「ベリー」「パッションフルーツ」「カカオ」があります。

亀屋良長の定番和菓子に挑戦！

亀屋良長の代表銘菓　烏羽玉《うばたま》

昔ながらの烏羽玉（黒糖） 作り方52ページ

オレンジ 作り方54ページ

トマト 作り方53ページ

ぶどう
作り方55ページ

野菜
作り方56ページ

いちご
作り方55ページ

抹茶
作り方54ページ

昔ながらの烏羽玉

仕上り50ページ

濃厚な甘みと黒糖の香りがやみつきに。
あんはしっかり煮つめたほうが扱いやすく、
きれいに仕上がります。

材料（6個分）
こしあん（12ページ参照）　100g
黒糖　15g
飾り用けしの実　少々
寒天液（53ページ参照）　適量

準備
・寒天液を作る。

① 小鍋にこしあんと水20㎖、黒糖を入れて中火にかけ、へらで混ぜながら水分を飛ばし（A）、炊く。煮つまってきたら火を弱め、炊き上げる（B）。
●元のこしあんくらいのかたさが目安。煮つめ気味のほうが扱いやすい。

② バットに取り出し、粗熱が取れたらラップフィルムをかけて冷ます。

③ ラップフィルムの上から②を軽く押しもみ、なめらかになったら6等分にし、丸める（C）。

④ 寒天液の鍋を弱火にかけ、網をのせ、上に③を並べる。お玉で寒天液を手前からかける（D）。
●寒天液は多めに一気にかけるときれいに仕上がる。

⑤ バットか皿にのせてけしの実をつける。
●水でぬらした指先にけしの実少々をくっつけ、あん玉につけるとつきやすい（E）。

A

B

C

D

E

烏羽玉・トマト

あんこ×ジュースの烏羽玉。
フルーツやトマトの酸味は思いのほか合い、バジルをきかせます。

仕上り50ページ

材料（6個分）
白あん（14ページ参照） 100g
トマトジュース（無塩） 60㎖
オレンジジュース 40㎖
バジルの葉（小） 6枚
寒天液（下記参照） 適量

準備
・寒天液を作る。

① 小鍋に白あんとトマトジュース、オレンジジュースを入れて中火にかけ（A）、へらで混ぜながら水分を飛ばし、炊き上げる（B）。
●元の白あんくらいのかたさが目安。
② バットに取り出し、粗熱が取れたらラップフィルムをかけて冷ます。
③ ラップフィルムの上から②を軽く押しもみ、なめらかになったら6等分にし、丸める。
④ 寒天液の鍋を弱火にかけ、網をのせ、上に③を並べる。お玉で寒天液を手前からかける（C）。
●寒天液は多めに一気にかけるときれいに仕上がる。
⑤ バジルを飾る（D）。

A

B

C

D

寒天液

烏羽玉のしっとり感と見た目を演出するかけ寒天。多めに一気にかけるのがポイントです。

材料（作りやすい分量）
粉寒天 8g
グラニュー糖 120g

① 鍋に粉寒天と水200㎖を入れて中火にかけ、沸騰したらグラニュー糖を加える。
② 再度沸騰したらとろみが出るまで1～2分煮つめる。冷めてしまわないように、使用するまで湯煎などで保温する。

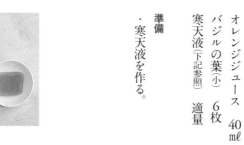

鳥羽玉・オレンジ

仕上り50ページ

後味のよいオレンジとあんこの組合せ。
オレンジはジュースとピールを使うとより深い味わいに。

材料(6個分)

白あん(14ページ参照) 100g
オレンジジュース 50mℓ
オレンジピール 5g
飾り用オレンジピール 適量
寒天液(53ページ参照) 適量

準備

・寒天液を作る。

① 小鍋に白あんとオレンジジュース、細かく刻んだオレンジピールを入れて中火にかけ(A)、へらで混ぜながら水分を飛ばし、炊き上げる。
◎元の白あんくらいのかたさが目安。

② バットに取り出し、粗熱が取れたらラップフィルムをかけて冷ます。

③ ラップフィルムの上から②を軽く押しもみ、なめらかになったら6等分にし、丸める。オレンジピールをのせて、軽く押す(B)。

④ 寒天液の鍋を弱火にかけ、網をのせ、上に③を並べる。お玉で寒天液を手前からかける(C)。
◎寒天液は多めに一気にかけるときれいに仕上がる。

A

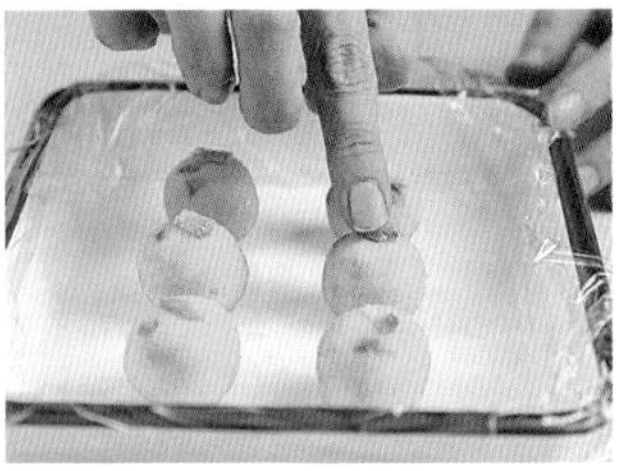

B

C

鳥羽玉・抹茶

仕上り51ページ

いちごの鳥羽玉と同じホワイトチョコあんで作った
抹茶あんがベースです。
濃厚なおいしさがたまりません。

材料(6個分)

白あん(14ページ参照) 100g
ホワイトチョコレート 10g
抹茶 1～2g(お好みで)
栗の蜜煮(6等分する) 1個分
寒天液(53ページ参照) 適量

準備

・寒天液を作る。

① ホワイトチョコあんを作る(55ページの鳥羽玉・いちごの作り方①、②を参照)。

② ラップフィルムに①を置き、茶こしで抹茶をふりかける。ラップフィルムの上から軽く押しもみ、あんと合わせる。なめらかになったら6等分にし、丸め、真ん中に栗をのせる。

③ 寒天液の鍋を弱火にかけ、網をのせ、上に②を並べる。お玉で寒天液を手前からかける。
◎寒天液は多めに一気にかけるときれいに仕上がる。

烏羽玉・いちご

仕上り51ページ

好相性のチョコレートとあんこ。
白あんにはホワイトチョコ。いちごミルクの和菓子版です。

材料（8個分）
白あん（14ページ参照）　100g
ホワイトチョコレート　10g
いちご（小）　4個
寒天液（53ページ参照）　適量

準備
・寒天液を作る。

① 小鍋に白あんと水20mℓを入れて中火にかけ、へらで混ぜながら水分を飛ばし、炊き上げる。元の白あんくらいのかたさになったら火から下ろし、ホワイトチョコを加え混ぜる（A）。
② バットに取り出し、粗熱が取れたらラップフィルムをかけて冷ます。
③ ラップフィルムの上から②を軽く押しもみ、なめらかになったら8等分にし、丸める。真ん中に半分に切ったいちごを飾る（B）。
④ 寒天液の鍋を弱火にかけ、網をのせ、上に③を並べる。お玉で寒天液を手前からかける（C）。
●寒天液は多めに一気にかけるときれいに仕上がる。

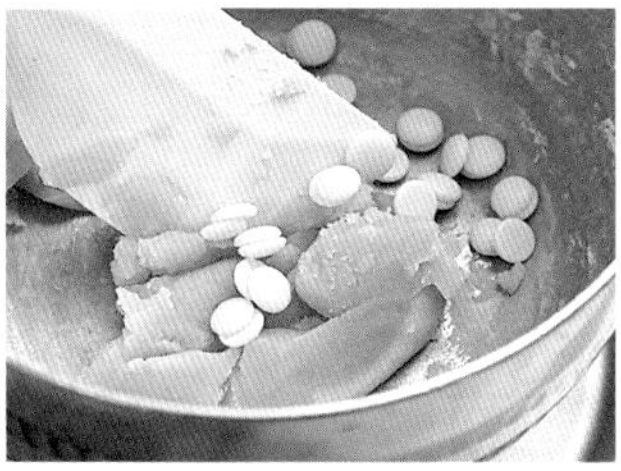
A

B

C

烏羽玉・ぶどう

仕上り51ページ

味も色も秋を感じる烏羽玉です。
100%果汁を使うと、
味も色も格別になります。

材料（6個分）
白あん（14ページ参照）　100g
ぶどうジュース（ストレート）　50mℓ
レモン果汁　3mℓ
寒天液（53ページ参照）　適量

準備
・寒天液を作る。

① 小鍋に白あんとぶどうジュースを入れて中火にかけ、へらで混ぜながら水分を飛ばし、炊き上げる。元の白あんくらいのかたさになったら、レモン果汁を加え混ぜる。
② バットに取り出し、粗熱が取れたらラップフィルムをかけて冷ます。
③ ラップフィルムの上から②を軽く押しもみ、なめらかになったら6等分にし、丸める。
④ 寒天液の鍋を弱火にかけ、網をのせ、上に③を並べる。お玉で寒天液を手前からかける。
●寒天液は多めに一気にかけるときれいに仕上がる。

烏羽玉・野菜

仕上り51ページ

野菜ジュースで作った、鮮やかなあん玉。色よし、後味よしの爽やかな烏羽玉です。

材料（6個分）

白あん（14ページ参照） 100g
野菜ジュース（100%） 60mℓ
レモン果汁 2mℓ
寒天液（53ページ参照） 適量

準備

・寒天液を作る。

① 小鍋に白あんと野菜ジュースを入れて中火にかけ、へらで混ぜながら水分を飛ばし、炊き上げる。元の白あんくらいのかたさになったらレモン果汁を加え混ぜる。

② バットに取り出し、粗熱が取れたらラップフィルムをかけて冷ます。

③ ラップフィルムの上から②を軽く押しもみ、なめらかになったら6等分にし、丸める。

④ 寒天液の鍋を弱火にかけ、網をのせ、上に③を並べる。お玉で寒天液を手前からかける。

●寒天液は多めに一気にかけるときれいに仕上がる。

烏羽玉の材料が残ったら「あんみつ」に

寒天液は同量の湯でよく溶かし、冷やし固めて寒天に。

材料（3人分）

寒天液（烏羽玉の寒天液の残り・53ページ参照） 180mℓ
白玉粉 50g
粒あん（10ページ参照） 適量
黒蜜（市販品） 適量

① 流し型に寒天液と湯180mℓを入れ、へらでよく混ぜ合わせる。冷蔵庫で冷やし固める。

② ボウルに白玉粉を入れて水適量を加え、耳たぶくらいのやわらかさになるようにこねる。鍋に湯を沸かし、丸めた白玉生地を入れてゆで、浮いてきたら冷水にとる。

③ ①の寒天を食べやすい大きさに切る。

④ 器に②と③と丸めた粒あんを盛り、黒蜜をかけていただく。

スライスようかん・さつまいも

仕上り47ページ

生クリームとバターでぐんとおいしさが増します。大人味にしたいかたはシナモン増しがおすすめです。

材料（10～12枚分・でき上り約380g・8×8×高さ5cmの容器1個分）

さつまいも（生）　125g（蒸してこしたもの105g）
生クリーム　25mℓ
バター　22g
シナモンパウダー　少々
粉寒天　小さじ2
グラニュー糖　155g
メープルシロップ　36mℓ

準備

・さつまいもは約1cm厚さにカットして皮をむき（A）、蒸し器で25分蒸す。熱いうちにこし器にのせて木べらの先で押しながらこし（B）、ペースト状にする。

亀屋良長の定番和菓子に挑戦！

① 生クリームとバターを耐熱容器に入れて、バターがとけるまで600Wの電子レンジに10～15秒かける。熱いうちに、こしたさつまいもと合わせ（C）、だまが残らないように泡立て器でよく混ぜ、シナモンパウダーを混ぜ合わせる。

② 小鍋に粉寒天と水155mℓを入れて中火にかける。沸騰したらグラニュー糖を加え、溶けたら①を加える（D）。

③ 焦がさないようにへらで底をやさしく混ぜ、とろみが出るまで強火で煮つめる（E）。

●へらで鍋底をこそぐように混ぜるのが基本。混ぜすぎるとこしがなくなり寒天が固まらないので注意する。あんかけのあんくらいのとろみで、煮る時間は3～5分が目安。

④ 細かい泡が沸き、へらでこそぐと鍋底が見えるようになったらメープルシロップを加えて混ぜ、火を止め、容器に流して（F）冷蔵庫で冷やし固める。

⑤ 容器とようかんの間に空気を入れ、ようかんを取り出す。

⑥ スライスようかん・小倉と同様にスライスし、トーストにする（49ページの作り方⑤、⑥を参照）。

A

B

C

D

E

F

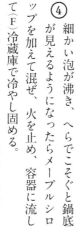

秋の実りを余すことなく盛って　ようかん

「山の幸」

ようかん「山の幸」

香ばしいナッツや甘ずっぱいドライフルーツをのせた、秋の味覚たっぷりのようかん。

材料（10×5.5×高さ3cmのミニパウンド型3本分）

〈ようかん〉
粉寒天　3.5g（小さじ1 2/3）
グラニュー糖　140g
こしあん（12ページ参照）　300g
塩　ふたつまみ

〈寒天液〉
粉寒天　0.5g（小さじ1/4）
グラニュー糖　23g
水あめ　8g

〈飾り〉
栗の蜜煮、ドライいちじく、くるみ（無塩）、マカデミアナッツ（無塩）、クランベリー（すべて半分に切る）　各適量

ようかん・寒天液

飾り

① ようかんを炊く。鍋に水250mℓと粉寒天を入れて、中火にかける。沸騰したらグラニュー糖を入れて煮溶かし、再度沸騰したらこしあんを加えて（A）、へらで混ぜ合わせる。中火で約5分炊き、最後に塩を入れて混ぜる。

② フィルムシートを敷いた型に流す（高さ約2.5cm）（B）。常温におき、固まったら飾りのナッツなどをバランスよく並べる（C）。

③ 寒天液を作る。小鍋に粉寒天と水50mℓを入れて中火にかけ、沸騰したらグラニュー糖を加える。再度沸騰したら水あめを加え、沸騰したら火から下ろす。

④ 熱々の③を②に流し（D）、飾りの上にも艶を出すためはけでぬる（E）。

A

B

C

D

E

季節ごとの味を楽しんで蒸しようかん

桜の時季だけのとっておきの味
春 その一「桜」 作り方62ページ

たけのこの風味と香りとともに
春 その二「たけのこ」 作り方63ページ

あんと秋の実りの好相性を発見
秋「いちじくとくるみ」
作り方64ページ

ゆり根が際立つもっちり食感
冬「ゆり根」
作り方65ページ

蒸しようかん・春 その一「桜」

白あんのようかんと桜の組合せは見た目も味も春そのもの。桜の花の塩気がアクセントに。

仕上り60ページ

材料（15×14×高さ4.5㎝の流し型1台分）
白あん（14ページ参照）　200g
薄力粉　20g
上白糖　60g
葛粉　20g
桜の花の塩漬け（市販品）　適量

準備
・桜の花の塩漬けを水にさらし、塩抜きしておく。
・蒸し器を温めておく。

① ボウルに白あんを入れ、薄力粉をふるいながら加え、粉気がなくなるまで手でよく混ぜる。
② 上白糖を加え、手でよく混ぜ合わせる。別のボウルに葛粉を入れ、水80㎖を少量ずつ加えて溶かす。
③
●一気に水を加えるとだまになるので注意。
④ ③を茶こしに通しながら②に加え、泡立て器で全体を混ぜ合わせる。
⑤ 型に流し、平らにして蒸気の上がる蒸し器で約30分蒸す。
●蒸し器のふたはふきんで包み、露落ちを防ぐ。
⑥ 蒸し上がったら表面の水分を取り、温かいうちに表面をならし完全に冷ます。
⑦ 冷めたら型とようかんの間に包丁を入れて一周し、型から外す。好みの大きさに切り分け、塩抜きした桜の花を飾る（A）。

A

蒸しようかん・春 その二「たけのこ」

仕上り60ページ

たけのこの食感と香りが感じられる蒸しようかん。
たけのこのシーズンにぜひ作ってみてください。

材料(15×14×高さ4.5cmの流し型1台分)
こしあん(12ページ参照) 200g
薄力粉 20g
上白糖 60g
塩 ひとつまみ
葛粉 15g
たけのこの蜜漬け(蜜をきったもの・下記参照) 160g
木の芽 適量

準備
・蒸し器を温めておく。

① ボウルにこしあんを入れ、薄力粉をふるいながら加え、粉気がなくなるまで手でよく混ぜる(A、B)。
② 上白糖、塩を加え、手でよく混ぜ合わせる。
③ 別のボウルに葛粉を入れ、水80mℓを少量ずつ加えて溶かす。
●一気に水を加えるとだまになるので注意。
④ ③を茶こしに通しながら②に加え(C)、泡立て器で全体を混ぜ合わせる。
⑤ たけのこの蜜漬けを加え(D)、全体をへらで混ぜ合わせる。
⑥ 型に流し、平らにして蒸気の上がる蒸し器で約30分蒸す(E)。
●蒸し器のふたはふきんで包み、露落ちを防ぐ。
⑦ 蒸し上がったら表面の水分を取り、温かいうちに表面をならし(F)、完全に冷ます。
⑧ 冷めたら型とようかんの間に包丁を入れて一周し、型から外す。好みの大きさに切り分け、木の芽を飾る。

A

B

C

D

E

F

たけのこの蜜漬け

材料(作りやすい分量)
たけのこの水煮 200g
グラニュー糖 200g
濃口しょうゆ 9mℓ

① たけのこはスライスして乱切りにする。
② 鍋にグラニュー糖と水200mℓを入れて中火にかけ、砂糖が溶けたら濃口しょうゆと①を加え火を止める。そのまま冷まして一晩おく。

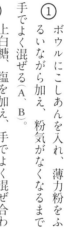

蒸しようかん・秋「いちじくとくるみ」

仕上り61ページ

果実と木の実の味わいは秋の喜びそのもの。竹皮で包むと香りがよく、手土産にもなります。

材料（60～70×14～15cmの竹皮1枚分）
こしあん（12ページ参照）　100g
薄力粉　10g
上白糖　30g
塩　ひとつまみ
葛粉　7.5g
ドライいちじく　12g
くるみ（160℃のオーブンで約10分ローストしたもの）　10g

準備
・ドライいちじく、くるみを小さめに切っておく。
・蒸し器を温めておく。

① 鍋にこしあんを入れ、薄力粉をふるいながら加え、粉気がなくなるまで手でよく混ぜる（A）。

A

② 上白糖、塩を加え、手でよく混ぜ合わせる。

③ ボウルに葛粉を入れ、水40mℓを少量ずつ加えて溶かす。

◎一気に水を加えるとだまになるので注意。

④ ③を茶こしに通しながら②に加え（B）、へらで全体を混ぜ合わせる（C）。

B

C

⑤ ④の鍋を火にかける。熱が入り始めると葛が固まってくるので時々火から外し、全体をむらがないようにへらで混ぜ合わせ、ぼてっと塊で落ちるくらいになったら火を止める（D）。

◎焦げないように鍋底、縁にも注意してへらでさらう。

D

⑥ いちじくとくるみを加え、さっと混ぜる。

◎混ぜすぎるといちじくがくずれてしまうので注意。

⑦ 竹皮を水に1～2分つけ、端を5mmほどさいてひもを作る（E）。両先を切って長さ45cmほどにする。

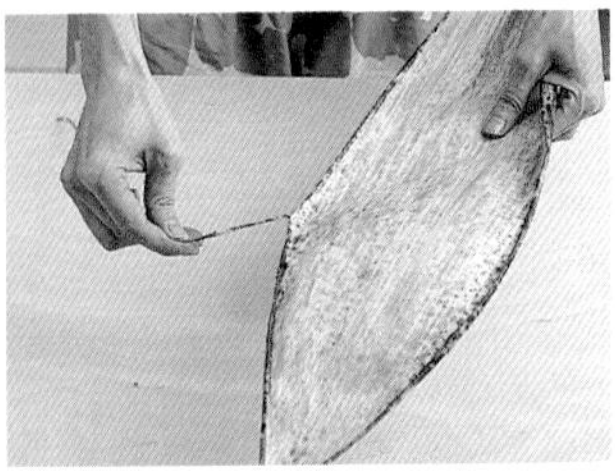

E

⑧ 水気をふき取った⑦の竹皮の真ん中にへらで⑥をのせ、水をつけた手で長さ15cm、幅5cmほどに広げる（F）。

F

⑨ 生地の形を整えたら竹皮の長い辺、短い辺の順に折りたたんで包み（G）、さいておいた⑦の竹皮のひもでくくる（H）。

⑩ 蒸気の上がる蒸し器で約25分蒸す（I）。

⑪ 蒸し上がったらそのまま完全に冷ます。

⑫ 冷めたら竹皮を開いて好みの大きさに切り分ける。

蒸しようかん・冬「ゆり根」

仕上り61ページ

上品な甘みのゆり根の蜜漬け。かたくなったら蒸し直して、温かいのをいただくのも冬ならでは。

材料(15×14×高さ4.5cmの流し型1台分)
こしあん(12ページ参照)　200g
薄力粉　20g
上白糖　60g
塩　ひとつまみ
葛粉　15g
ゆり根の蜜漬け(蜜をきったもの・下記参照)　65g

準備
・蒸し器を温めておく。

① ボウルにこしあんを入れ、薄力粉をふるいながら加え、粉気がなくなるまで手でよく混ぜる。
② 上白糖、塩を加え、手でよく混ぜ合わせる。
③ 別のボウルに葛粉を入れ、水80mlを少量ずつ加えて溶かす。
●一気に水を加えるとだまになるので注意。
④ ③を茶こしに通しながら②に加え、泡立て器で全体を混ぜ合わせる。
⑤ ゆり根の蜜漬けを加え、全体をへらで混ぜ合わせる。
⑥ 型に流し、平らにして蒸気の上がる蒸し器で約30分蒸す。
●蒸し器のふたはふきんで包み、露落ちを防ぐ。
⑦ 蒸し上がったら表面の水分を取り、温かいうちに表面をならし完全に冷ます。
⑧ 冷めたら型とようかんの間に包丁を入れて一周し(A)、型から外す。好みの大きさに切り分ける(B)。

A

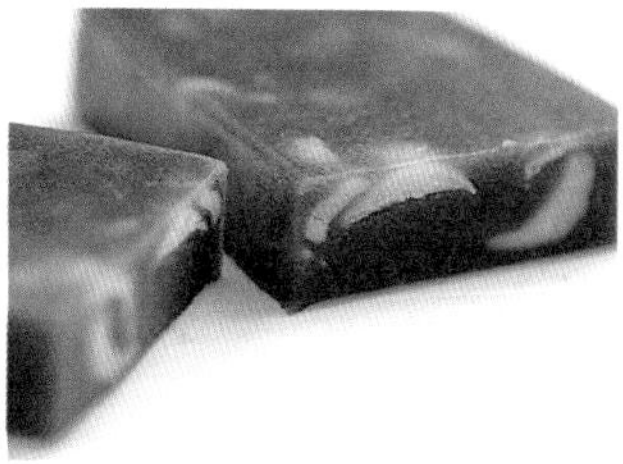
B

ゆり根の蜜漬け

材料(作りやすい分量)
ゆり根　1個(約95g)
グラニュー糖　100g

① ゆり根はほぐして約5分蒸す。ほくほくしている状態が目安。
② 鍋にグラニュー糖と水100mlを入れて中火にかけ、砂糖が溶けて沸騰したら火を止める。熱いうちに①を加える。そのまま冷まして一晩おく。

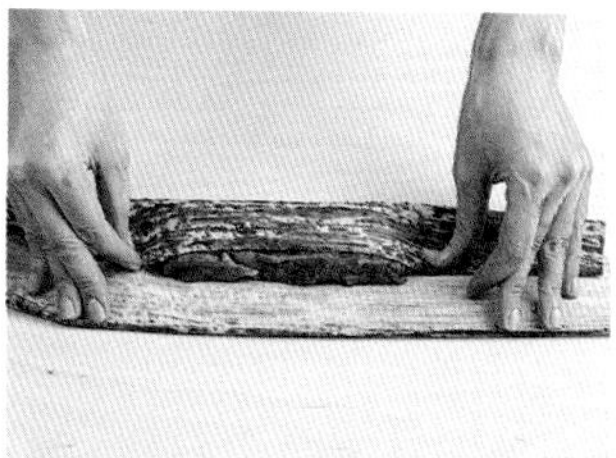
G

H

I

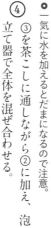

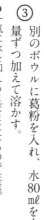

作りたての醍醐味をぜひ

カカオきんとん

カカオきんとん

油分のあるチョコレートとあんは好相性。
きんとん通しの代わりに目が四角くて粗いざるに通します。

材料（6個分）

〈チョコガナッシュ〉
生クリーム　45mℓ
ビターチョコレート（カカオ分約60%）　30g

〈カカオあん〉
こしあん（12ページ参照）　180g
ココアパウダー　12g

粉糖　適量

① チョコガナッシュを作る。鍋に生クリームを入れて火にかけ、沸騰させる。ボウルに刻んだチョコレートを入れ、生クリームを加える（A）。へらでチョコレートをとかし（B）、冷蔵庫でしっかり冷やす。

② ①を6等分し、ラップフィルムを使って丸める（C）。

③ カカオあんを作る。ラップフィルムを広げた上にこしあんとココアパウダーをのせ、合わせる（D）。6等分し（E）、丸めててのひらで1.5cmほどの厚さに広げる。

④ 目の粗いざるに③をのせて押しつけるようにして下に落とし（F）、そぼろ状にする（G）。

⑤ ②をラップフィルムから外しててのひらに取り、箸を使って④のそぼろ状のカカオあんをつける（H）。下から上に向けてまんべんなくつけ、こんもりとした山の形に。

●あんが箸につかないように箸先をぬれぶきんでふきながら行なう。難しければガナッシュ玉を置いて下からあんを箸でかき寄せるようにつける。

⑥ 粉糖を茶こしに入れて⑤にふりかける（I）。

●すぐに食べない場合は冷蔵庫におき、食べる少し前に出して粉糖をふりかける。

A

B

C

D

E

F

G

H

I

寒天を使って作る　錦玉

黒豆と日本酒で作る新春の一菓

「酒大黒」

作り方70ページ

漆黒の闇に浮かぶ蛍の輝き

「蛍」　作り方71ページ

錦玉「酒大黒」

仕上り68ページ

寒天液を数回に分けて冷やし固めたアートのような錦玉。寒天が溶けるのは90℃、固まるのは30℃からが目安です。

材料（直径5cmのセルクル6個分）
粉寒天　2g
グラニュー糖　90g
水あめ　60g
日本酒　27㎖
金箔　少々
黒豆の蜜煮（市販品）　6粒
こしあん（12ページ参照）　28g

道具
セルクル／フィルムシート／輪ゴム

準備
・セルクルにフィルムシートをピンと張り、輪ゴムで止める。

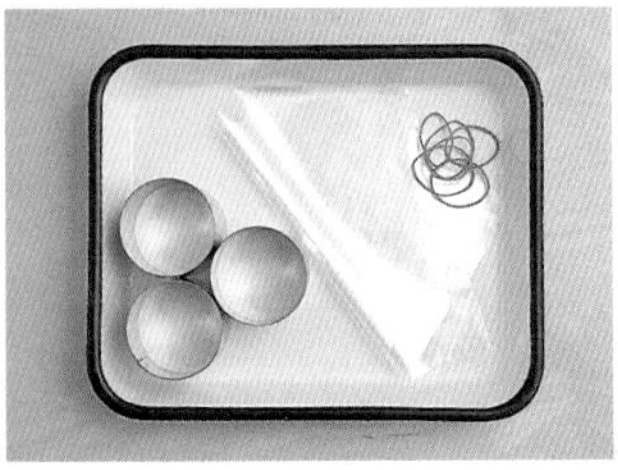

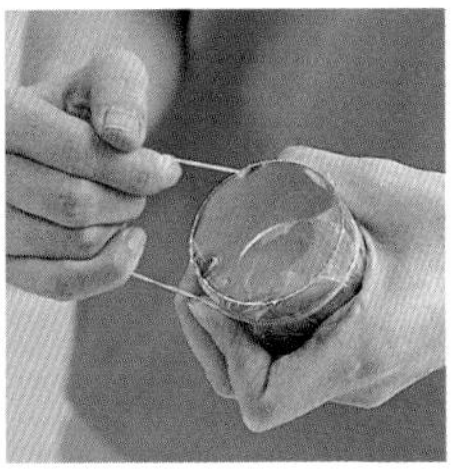

① 鍋に粉寒天と水200㎖を入れて中火にかけ、沸騰したらグラニュー糖を加える。再度沸騰したら水あめを加え、沸騰したら火から下ろす。

② ①の寒天液70gを取り分け、固まらないように熱湯を入れたボウルの中で保温しておく（A）。

③ 残りの寒天液に日本酒と金箔を加え、静かに混ぜる（B）。

④ セルクルをフィルムシートが下になるように置き、スプーンで③を高さ5㎜ほど流し入れる（C）。表面が少し固まってきたら黒豆を1粒ずつ加え（D）、残りの③を流し入れる（E）。

●表面が固まっているかどうかは指で押さえて確認する。

⑤ ②の取り分けた寒天液を火にかけ、こしあんを入れて静かに混ぜる（F）。

●④が固まるまで保温しておく。

⑥ ④の表面が固まり始め、指で触ってもくっつかなくなれば、⑤をスプーンですくって流し入れる（G）。冷蔵庫で冷やす。

⑦ 輪ゴムを外し、錦玉を手で押さえながらセルクルを抜き（H）、ひっくり返す。

A

B

C

D

E

F

G

H

錦玉「蛍」

仕上り69ページ

黒糖を煮溶かして夜空に見立てた錦玉。
舌触りがよく、冷やしていただく夏にぴったりのお菓子です。

材料（直径4.5cmの猪口8個分）
粉寒天　2g
グラニュー糖　36g
黒糖　54g
水あめ　30g
こしあん（12ページ参照）　64g
金箔　少々

道具
猪口／フィルムシート／ワイヤー

準備
・こしあんを8等分し、丸めておく。

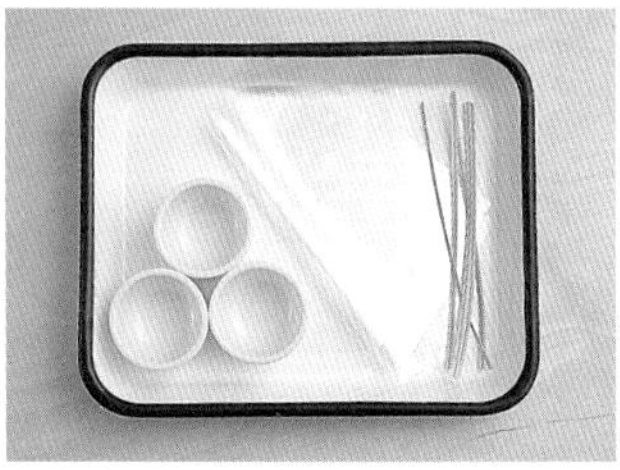

① 鍋に粉寒天と水220mlを入れて中火にかけ、沸騰したらグラニュー糖と黒糖を加える。再度沸騰したらあくを取り、水あめを加え、沸騰したら火から下ろす。

② 猪口にフィルムシートを敷き込み、①を1/8量ずつ注ぎ（A）、丸めたこしあんを入れる（B）。

③ フィルムシートの角（**1**）と4辺の真ん中（**2**）をつまんでねじらないように、ワイヤーでぎゅっと絞り（C）、しずく形になるようにして（図参照）、冷蔵庫で冷やし固める。

●つるして固めるとしずく形になる（D）。

④ 錦玉のひだがくずれないようにフィルムシートをゆっくり外し（E）、上に金箔を飾る。

フィルムシートの包み方

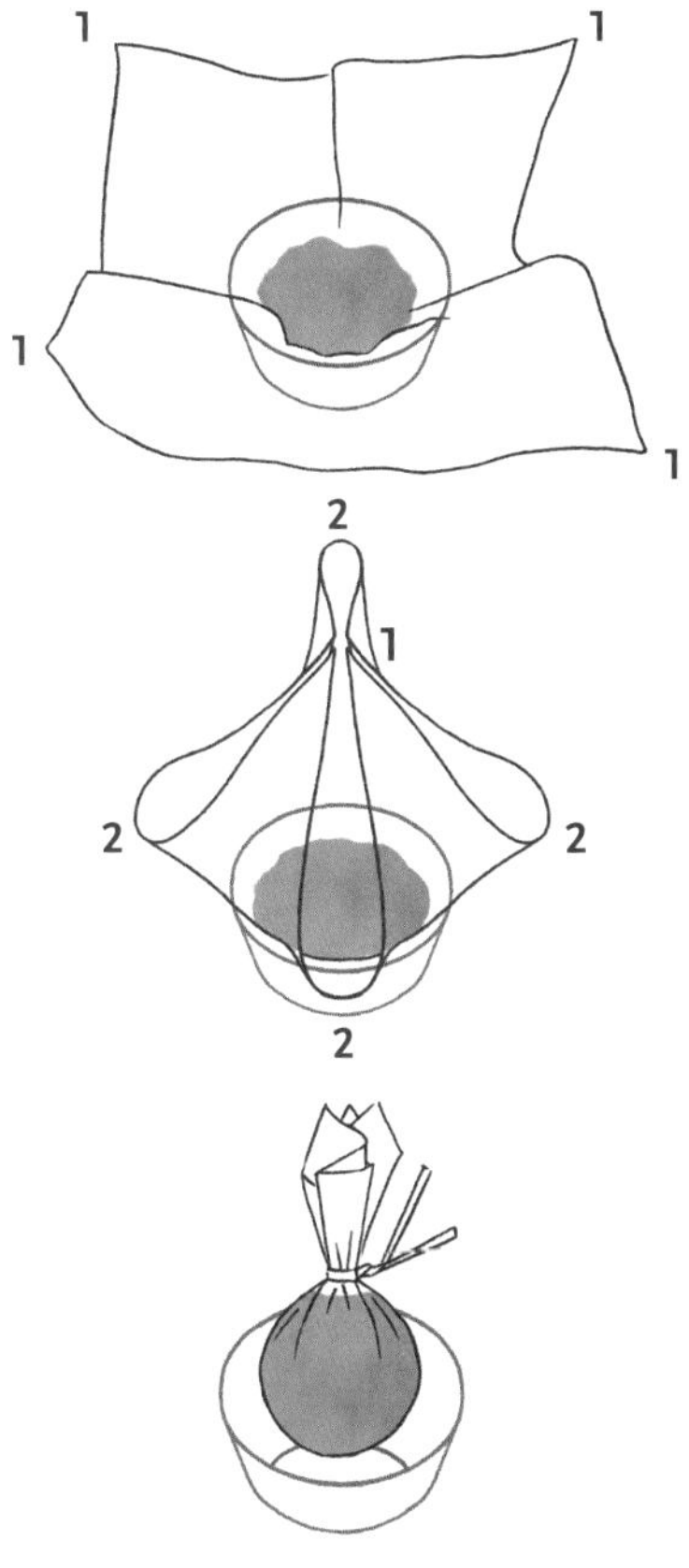

A

B

C

D

E

この本で使用した主な材料と道具

材料

和菓子の材料は豆、砂糖、粉と、そう多くはありません。それぞれの特徴を知り、和菓子の魅力に触れてみてください。

豆類

小豆

皮がやわらかい一般小豆と、大粒で皮が破れにくい大納言小豆がある。あんには一般小豆で香りの強い北海道産が向いている。

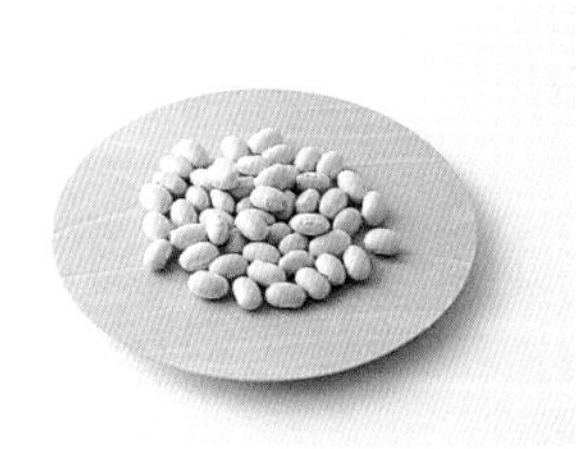

手亡豆

白いんげん豆の一種。白小豆よりあっさりとし、特有の香りがある。

砂糖・甘味料

上白糖

精製された真っ白な砂糖。甘みが強く、粒子が細かくしっとりしている。蒸しようかん、道明寺、どら焼き、麩の焼き、浮島などに。

きび砂糖

精製されていない薄茶色の砂糖。特有の風味とこくがあり、まろやかな甘み。豆かわクッキーに。

グラニュー糖

精製された純度の高い砂糖。さらさらで癖のない甘みが特徴。こしあん、白あん、スライスようかん、わらび餅、錦玉、洋風あんこ菓子などに。

てんさい糖

てんさいから作られた砂糖。オリゴ糖を含み、やさしい甘さでまろやかな風味。粒あんに。

黒糖

精製されていない黒褐色の強い香りのある砂糖。昔ながらの烏羽玉、錦玉、どら焼きに。

水あめ

でんぷんを主原料とする粘り気のある甘味料。でんぷん糖ともいう。錦玉に。

粉類

薄力粉

グルテンが少なめの小麦粉。蒸しようかん、どら焼き、麩の焼き、洋風あんこ菓子などに。

道明寺粉

もち米を蒸して乾燥させ、粗くひいたもの。おはぎや桜餅、椿餅に。

きな粉

大豆を煎ってひいたもの。香ばしい香りが特徴。おはぎやわらび餅に。

餅粉

もち米を製粉し、乾燥させたもの。どら焼きや麩の焼きに。

葛粉

葛の根から採取したでんぷん。蒸しようかんに。

粉寒天

天草などの海藻を煮溶かし、抽出された寒天質を固めて脱水乾燥させ粉末にしたもの。ようかんや烏羽玉、錦玉などに。

米粉

うるち米を製粉し、乾燥させたもの。浮島に。洋菓子やパン作りに使用することも多い。

わらび粉

わらびの地下茎から採取したでんぷん。わらび餅に。

粉ゼラチン

コラーゲンから抽出された動物性たんぱく質を粉末にしたもの。宇治金時ゼリーに使用。

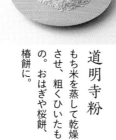

道具

道具を前もって揃えておくと、
お菓子作りがとてもスムーズです。
専用の道具がなくても身近なもので代用できるので、
気軽に作ってみてください。

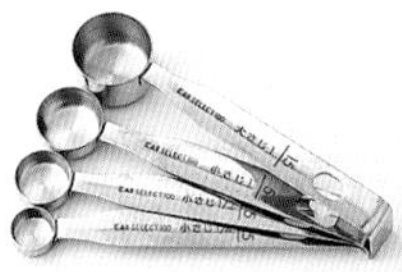

計量スプーン

小さじ1/4から大さじ1まで、4サイズあると便利。

茶こし

きな粉や粉糖をふるう時や少量のものをこす時に使用。

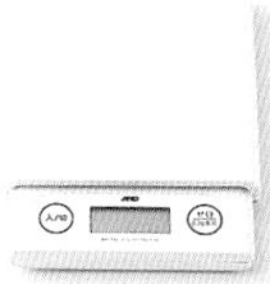

はかり

1g単位で量れるものを用意する。量りたいもののせ面よりも計量皿が大きいものがよい。

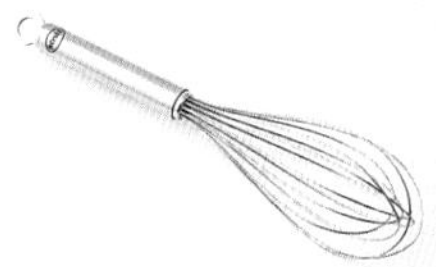

泡立て器

生地を混ぜ合わせたり、クリームを泡立てる時に使用。ワイヤーが細くて本数が多いステンレス製のものが使いやすい。

ボウル

サイズ違いでいくつか用意。こしあんには直径約30㎝の大きめ、メレンゲには深型のボウルが使いやすい。

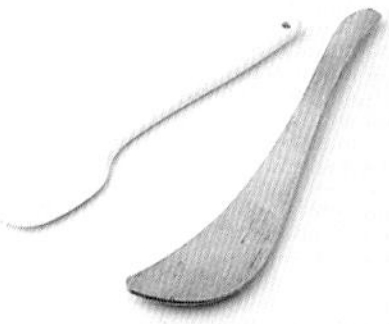

へら

あんや寒天、洋風あんこ菓子の生地などを混ぜるのに使用。ゴムべらは耐熱性がある、しなやかでやわらかいシリコン製のものがおすすめ。

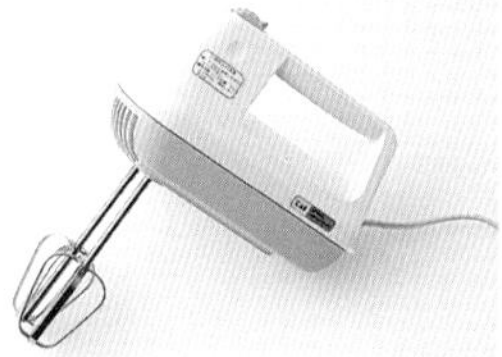

ハンドミキサー

メレンゲを作る時に使用。羽根の部分が真っすぐで、回転速度を変えられるものがおすすめ。

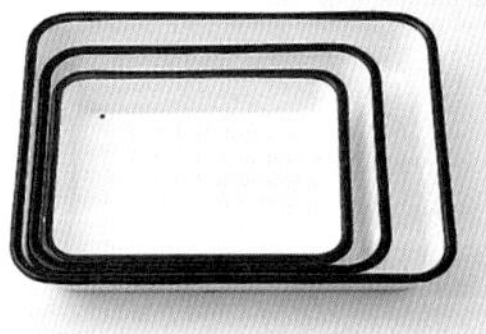

バット

あんや餅を冷ましたり、作りかけの菓子を並べたりするのに使用。

ざる・こし器

きんとんのそぼろ用(左)と、粉をふるったり、炊いた豆をこす時に使うざる(中)とこし器(右)。そぼろ用は目が四角く、粗いものがおすすめ。

厚手の鍋

豆を炊くのに使用。熱伝導に優れ、蓄熱性が高い鋳物ほうろう鍋がおすすめ。底が広いものがよい。

鍋（中・小鍋）
加熱や湯煎に使用。手つきの鍋をサイズ違いで用意する。

すり鉢
炊いた豆をつぶす時に使用。

流し型
浮島や蒸しようかんなどに使用。ステンレス製のものが一般的。

蒸し器
浮島や蒸しようかんを蒸す時に使う。鍋に重ねられるもので、流し型が入る底の広いものを用意する。

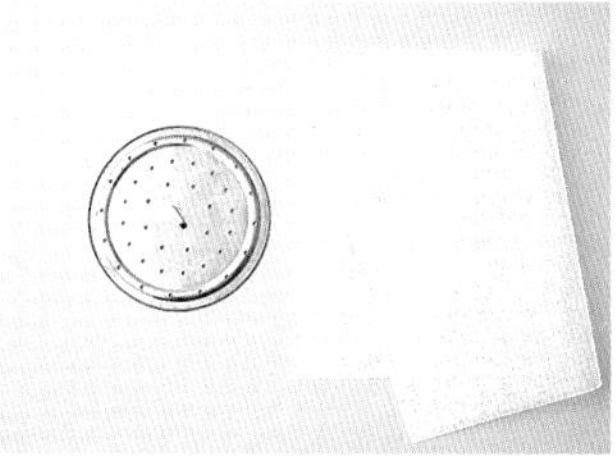

落しぶた
豆を炊く時に使用。今回は丸くカットして中心に穴をあけたオーブンシート（右）で代用している。

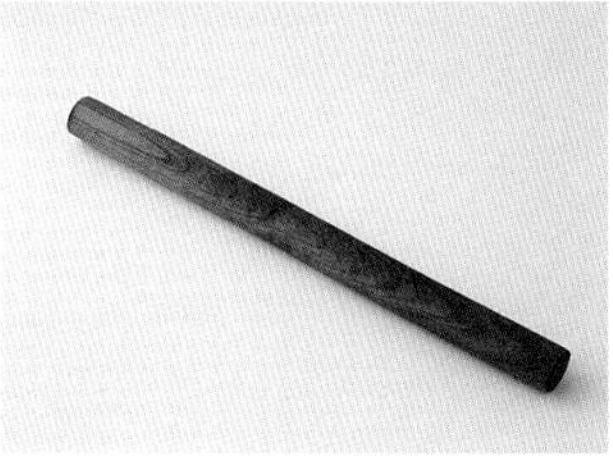

麺棒
焼き菓子の生地をのばす時に使用。

お玉
お玉はあくすくいにも、穴あきは炊いた豆を煮汁からすくい取る時に使用。

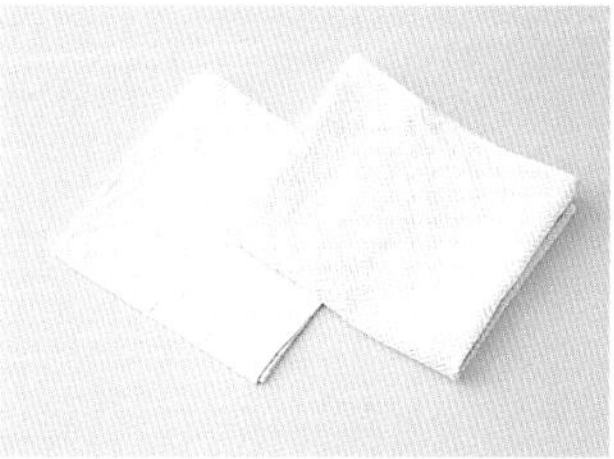

ふきん
生あんをとる時や蒸し器の露よけに使い、ぬれぶきんはバットやボウルを安定させたい時に使用する。

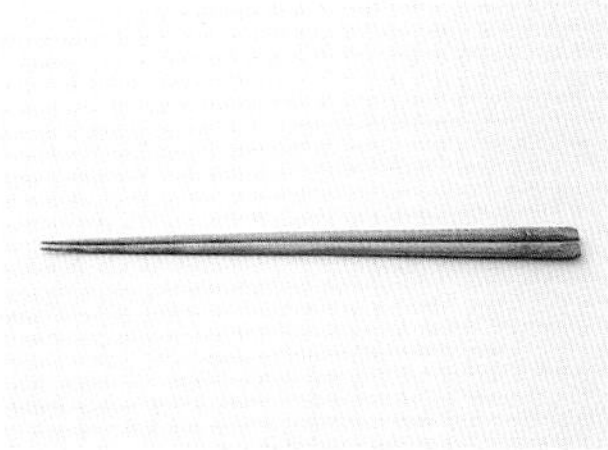

箸
きんとん用の箸。そぼろ状のあんを取りやすい箸先のとがったものがおすすめ。

網
烏羽玉に寒天液をかける時に使用。てんぷら鍋についている油きり用の網など、鍋に固定できるものがおすすめ。

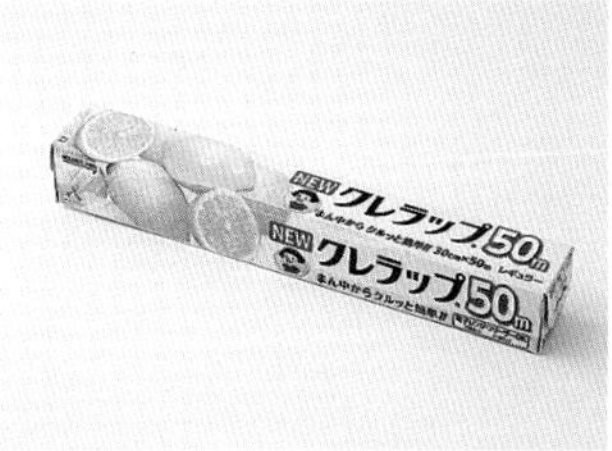

ラップフィルム
あんや生地の乾燥を防ぎたい時に上からかけたり、生地を合わせる時に下に敷いて使う。

はけ
パイ生地のみりんや水、ようかんの寒天液をぬる時に使用。筆先が平たい絵筆が使いやすい。

和菓子歳時記

冠婚葬祭や茶の湯、日々口にするお菓子など、和菓子は日本人の暮しや人生に深く関わってきました。

季節のうつろいを形や色で表現する四季折々の生菓子をまとめてみました。

新暦	二十四節気	
一月	小寒	 ときわ木
	大寒	 未開紅
二月	立春	 下萌え
	雨水	 切梅
三月	啓蟄	 ひちぎり
	春分	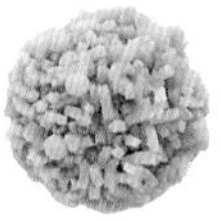 右近左近
四月	清明	 花咲み
	穀雨	 らんまん
五月	立夏	 五月晴れ
	小満	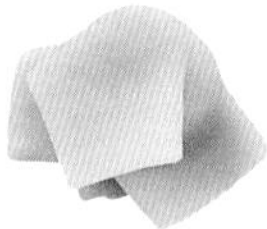 かきつばた

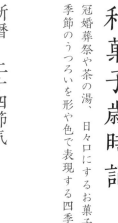

酒大黒 作り方70ページ

椿餅 作り方20ページ

桜餅 作り方21ページ

桜 作り方62ページ

たけのこ 作り方63ページ

六月

芒種　夏至

紫陽花

田唄

七月

小暑　大暑

雲の峰

銀河

蛍

作り方71ページ

八月

立秋　処暑

水ぼたん

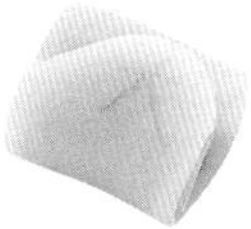

大文字

九月

白露　秋分

菊日和

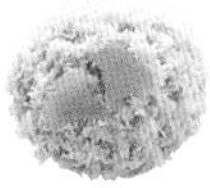

秋風

おはぎ

作り方19ページ

十月

寒露　霜降

栗きんとん

山柿

いちじくとくるみ

作り方64ページ

十一月

立冬　小雪

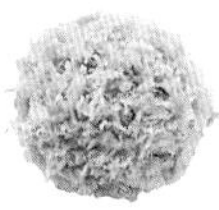

山粧う

亥の子餅

ゆり根

作り方65ページ

十二月

大雪　冬至

ゆず餅

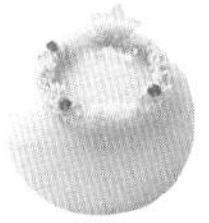

静けき夜

「亀屋良長」はこんなお店です

歴代の店主がこの地の名水を生かし、菓子作りに励んで二二〇年。お客さまに喜んでいただけるお菓子を目指し、伝統に感謝し、素材や技法を広げ、時代に寄り添いながら歩んできました。

年表

一八〇三年（享和三年）
初代・文平が四条醒ヶ井に「亀屋良長」創業。（江戸開府二〇〇年）

一八五〇年代（嘉永〜安政）
三代目・専祐の時代。当時貴重だった白砂糖の使用が許可された「上菓子屋仲間」に所属。

一九〇〇年代初期（明治後期〜昭和初期）
四代目・良長の時代。ビスケット・ケーキなど西洋菓子作りも始める。

一九〇〇年代中期
六代目・一良の時代。戦後、副産物からあめを作り、行列ができる大盛況に。

二〇一八年
八代目・良和の時代。この年発売の「スライスようかん」が大ヒットとなる。

二〇二三年
創業二二〇年。

四条醒ヶ井に創業のころ。

地下八〇メートルからこんこんと湧き出る京の名水「醒ヶ井の水」。水は菓子作りに欠かせない素材であり、あんを炊くのもこの水を使用。

亀屋良長の歩み

「亀屋良長」の創業は一八〇三年（享和三年）。京菓子の名門といわれた「亀屋良安」で番頭だった初代・文平が良質な水を求めて四条醒ヶ井に店を構えました。いつの時代も大切にしてきたのはおいしく、楽しく、幸せになってもらえる菓子作り。伝統的な和菓子から味やデザインの中にその時代の嗜好や遊び心を取り入れたものまで四季折々のお菓子を揃え、時には洋菓子を作ることもありました。

八代目当主の良和は、伝統を大切にしながら積極的に新しい和菓子に取り組み、素材や技法の幅を広げて、これまでにない味わいを展開しています。二〇一〇年にフランス帰りのパティシエール・藤田怜美の名前を冠した和洋を融合させた創作菓子「Satomi Fujita by KAMEYA YOSHINAGA」を、二〇一六年に健康を気遣う人も和菓子を楽しめるようにと妻・由依子が「吉村和菓子店」を立ち上げ、新たなブランドで和菓子の裾野を広げています。さらに異業種のキャラクターブランドやテキスタイルブランドとのコラボなど、軽やかで新しいジャンルの和菓子作りにも挑んでいます。

先人が残してくれた宝物

二二〇年の歩みの中で先人たちが残してくれた道具や菓子見本帖、配合帖から学ぶことは数知れず。発見や気づきを今に生かしています。

図案が一つ彫られた木型や、連続する木型など、江戸時代からの道具を大切に継承。意匠は芸術品を思わせ、今の菓子に使っているものも。

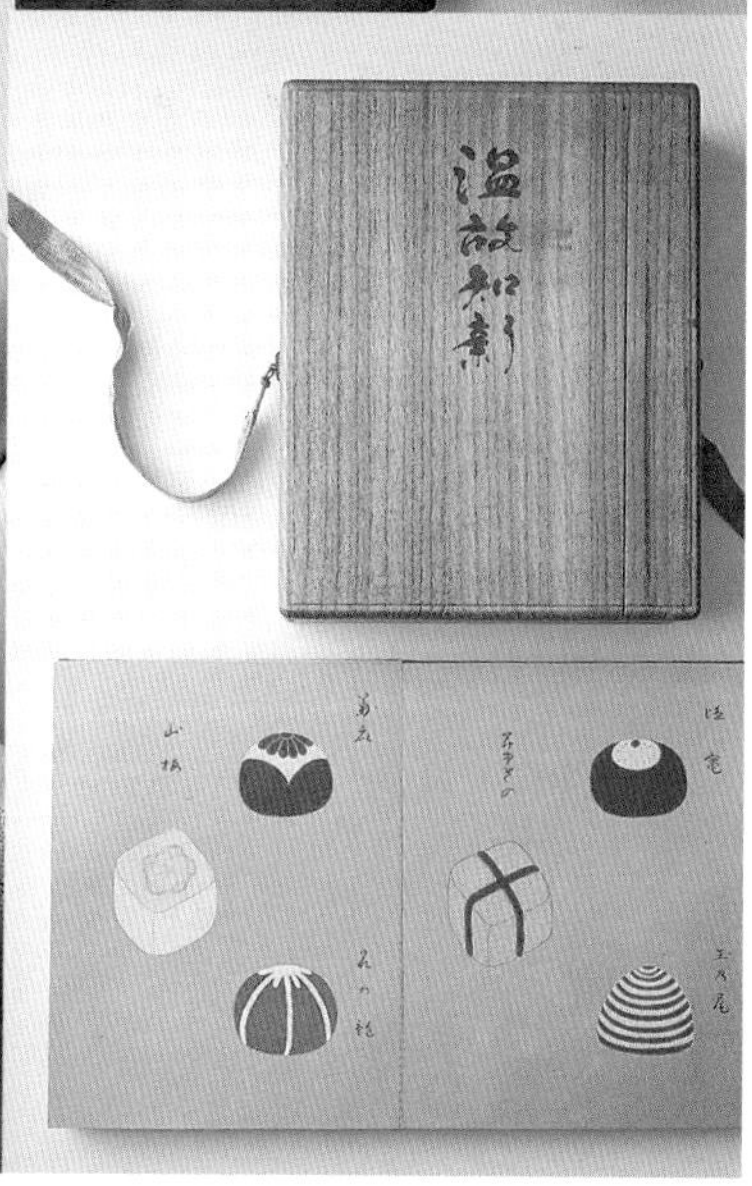

創業以来の菓子を描いた見本帖。昔は砂糖が貴重品であったため見本帖を見せながら受注していた。一八〇〇年代〜一九三〇年代のもの。

季節や年中行事に応じて作ってきた由緒や趣のある様々な菓子を見ることができる。帖面には菓子の銘や材料などが記されている。

再現してみました

昔の道具や菓子帖から感じられる、代々の主人の思いや菓子作りの息遣い。技術や材料は進化していますが、美しくておいしいお菓子を作る姿勢は変わりません。

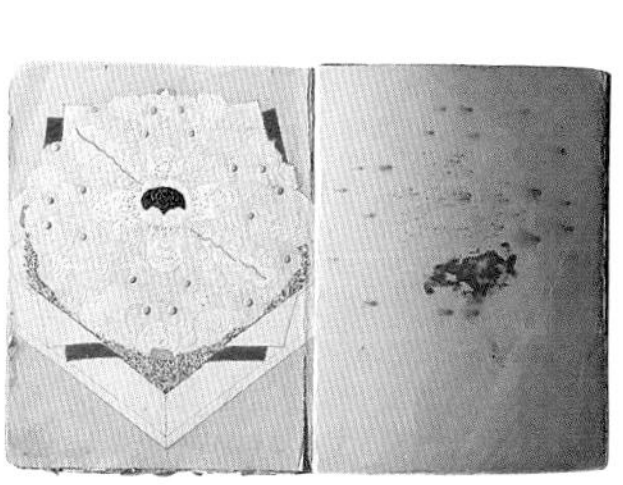

四代目主人・良長のころは西洋菓子の配合帖があり、洋菓子も手がけていた。明治後期〜昭和初期の菓子見本帖にはビスケット・ケーキなどの洋菓子のデザインの記録が残る。

菓子見本帖に記されたデコレーションケーキの絵をもとに試作を重ねて再現。昔の職人はケーキも焼けて一人前といわれ、今も「亀屋良長」にはパティシエ出身の職人がいる。

亀屋良長・かめやよしなが
江戸後期に創業して二二〇年、その技術と美学を今に残す菓子司。創業以来のロングセラー「烏羽玉」から和洋融合のお菓子までラインナップは幅広く、多様な表情と味わいのお菓子を揃える。企業やホテル、個人のあつらえ菓子の製造や、「京菓子手づくり教室」の開催、若手社員が「かめや和菓子部」として二十四節気のお菓子を企画製作するなど、様々な取組みを通して、伝統に縛られないお菓子の可能性を提案し続けている。

時代の嗜好を捉えた和菓子を発信する、八代目の吉村良和・由依子夫妻。

若い感性とアイディアを持ち寄り、菓子作りに挑むスタッフ。

「亀屋良長」
京都市下京区四条通油小路西入
柏屋町17番、19番合地
電話075-221-2005
https://www.kameya-yoshinaga.com
Instagram @kameyayoshinaga

デザイン　若山嘉代子 L'espace
撮影　伊藤 信
取材、文　西村晶子
イラスト　ine
校閲　位田晴日
DTP　佐藤尚美 L'espace
編集　鈴木百合子(文化出版局)
テーブルクロス協力
アクセルジャパン
電話03-3382-1760

京菓子司「亀屋良長」
あんこのお菓子帖
2024年3月2日　第1刷発行

著　者　亀屋良長
発行者　清木孝悦
発行所　学校法人文化学園 文化出版局
〒151-8524 東京都渋谷区代々木3-22-1
電話03-3299-2479(編集)
03-3299-2540(営業)
印刷・製本所　株式会社文化カラー印刷

文化出版局のホームページ
https://books.bunka.ac.jp/